AF305721

MES

PASSE-TEMPS.

TOME I.

A PARIS,

DE L'IMPRIMERIE DE CRAPELET.

1806.

Découpé par J.E. Despreaux.   Gravé par Frière.

MES PASSE-TEMPS:

CHANSONS

SUIVIES

DE L'ART DE LA DANSE,

POËME EN QUATRE CHANTS,

Calqué sur l'Art Poétique de BOILEAU DESPRÉAUX.

Par JEAN-ÉTIENNE DESPRÉAUX.

Ornés de Gravures d'après les Dessins de MOREAU le jeune, avec les airs notés.

TOME PREMIER.

A PARIS,

Chez L'AUTEUR, rue Basse-Porte Saint-Denis, n° 30;
DEFRELLE, Libraire, Cloître S. Honoré, n° 15;
PETIT, Libraire, au Palais Royal, galerie Virginie, vis-
à-vis la salle du Tribunal, n° 16.

M. DCCC. VI.

AVERTISSEMENT.

En 1794, je proposai à plusieurs amis de nous rassembler, une ou deux fois par mois, pour dîner ensemble, sous la condition de n'y jamais parler politique, et d'apporter chacun une chanson, sur un mot donné. Ma proposition fut acceptée : nous arrêtâmes que les mots seraient tirés au sort, après qu'ils auraient été soumis à la censure de la société, pour repousser les sujets qui ne présenteraient que des difficultés inutiles.

Je fus membre de quatre Sociétés semblables ; plusieurs des chansons que j'y ai composées sont dans ce recueil. Une étoile * à côté du titre, indique que le mot de la chanson a été donné par le sort. J'ai fait quelques changemens à plusieurs de celles qui ont été imprimées dans les *Dîners du Vaudeville*.

Mes Lecteurs voudront bien ne pas oublier que si je traite de temps en temps des sujets sérieux, avec le ton badin, le genre de la chanson le permet et même l'exige.

NOTE

sur la nécessité de chanter la chanson.

L'ᴀɪʀ règle la cadence du vers ; il est l'ame
de la chanson ; c'est à elle qu'il faut appli-
quer ce que dit La Motte :

> **Les Vers sont enfans de la lyre :**
> **Il faut les chanter , non les lire.**

C'est pour cela que j'ai fait noter , à la fin
du premier volume, la musique des chansons
de ce recueil. On y trouvera les listes de plusieurs airs qui sont sur le même rhythme ,
parmi lesquels le chanteur choisira celui
qu'il sait , ou qu'il croira le mieux exprimer
ce qu'il veut chanter. Ce moyen sauvera la
monotonie.

Il faut distinguer le chansonnier, du chanteur. Celui-ci cherche à plaire par l'agrément

de sa voix, ou par l'air qu'il a choisi pour la faire briller ; son but est de charmer l'oreille. La poésie n'est alors que l'accessoire de la musique.

Le chansonnier doit plaire à l'esprit ; il doit éviter tous les airs difficultueux. Les airs syllabiques sont ceux qu'il doit préférer ; il doit même sacrifier la musique à la poésie, et quelquefois, pour le sens, rendre la note brève ou longue, selon que la syllabe l'exige. Il peut presser ou ralentir le mouvement, sans trop en abuser ; car c'est le mouvement qui donne l'expression. Avec le même air chanté de différentes manières, on peint la gaîté, la tristesse, la gravité, la langueur, l'amour, la colère, &c.

On a dit que le ton faisait la musique ; n'est-ce pas sur-tout du mouvement que cela peut être dit ?

EXPLICATION DES FIGURES.

TOME PREMIER.

I. La première Estampe, en regard du titre, est gravée
par M. Trier, d'après une découpure faite par
l'Auteur de cet ouvrage, représentant son portrait
de profil.

II. La Vignette de la page première est gravée sur bois,
d'après une découpure de l'Auteur. Elle représente, sur une partie du firmament, un Borée
dont le souffle fait voltiger une plume, une feuille
de vigne et un papillon.

III. L'Estampe, page 3, est le sujet de l'Indiscré-
tion, gravée par M. Simonet, d'après le dessin de
M. Moreau le jeune.

Une élégante se croyant seule dans son boudoir, se déshabille devant une glace : au fond, on
voit une porte entr'ouverte par un jeune *indiscret.*

TOME SECOND.

IV. L'Estampe, page première, est l'Origine du Bien et du Mal , gravée par M. Trier, d'après le dessin de M. Moreau le jeune.

L'Éternel, du haut des cieux, fait la lumière et le bien; plusieurs mondes sont déjà formés. En bas , est un reste de chaos, où le Diable, dans les ténèbres , fait tout le mal possible , et dit, en poussant le Temps : *Je veux que sans cesse il passe.*

V. Page 182 , Vignette en tête de l'*Art Poétique,* gravée à l'eau-forte par M. de la Cour , d'après le dessin de M. Mazois , représentant les portraits d'Horace et de Boileau Despréaux , ornés d'allégories.

VI. Page 183 , Vignette en tête de l'*Art de la Danse ,* gravée par M. Simonet , d'après le dessin de M. Moreau le jeune.

Le fond représente les champs Élysées : sur le devant, est le sarcophage de Boileau Despréaux ; une lyre y est suspendue ; un petit Génie , en dansant, s'efforce , en vain , d'attacher son tambour de basque à la lyre , pour indiquer les rapprochemens des deux arts.

TABLE DES CHANSONS

contenues dans le tome premier.

N. B. L'étoile * à côté du titre , indique que le mot de la Chanson a été donné par le sort.

PASSE - TEMPS

DE

J. É. DESPRÉAUX.

MES
PASSE-TEMPS.

INVOCATION D'UN CHANSONNIER.

AIR : Vaudeville de Claudine.
Noté n° 1.

ALLONS, ma Muse, à l'ouvrage,
Il me faut une chanson ;
Mêlons-y du badinage,
De Momus suis la leçon :
Qu'une marche cadencée
Règle ici mes chants divers,
Pour encadrer ma pensée } bis.
Dans l'espace étroit d'un vers.

1.   I

Dans les vers et dans la danse,
En certain nombre d'instans,
Du marteau de la cadence
On aime à compter les temps :
Souvent un bon mot éveille,
De l'à-propos chacun rit ;
La rime plaît à l'oreille,
La raison charme l'esprit. } bis.

Muse, dans mes poésies,
Accorde rime et raison,
Aimables plaisanteries,
Piquante comparaison :
Par une joyeuse ivresse
Viens ranimer mes esprits ;
Gaîté, folie et sagesse,
Circulez dans mes écrits ! } bis.

A. M. Moreau le j.me A. B. Simonet Sculp.t

L'INDISCRÉTION*,

CONTE.

AIR : Tout le long, le long de la rivière.

Noté n° 2.

Si vous voulez être discret,
Je vous confierai mon secret ;
Mais n'en dites rien à personne,
C'est à ce prix que je le donne :
Ou, si vous manquez à ce point,
De grace, ne me nommez point :
Être indiscret, n'est pas mon caractère,
Et ce que je sais, je sais fort bien le taire ;
Et ce que je sais, je sais le taire.

* L'étoile à côté du titre, indique que le mot de la chanson a été donné par le sort, au dîner du Vaudeville.

LISE demeure en ma maison,
Elle a bon air, bon tour, bon ton.
Un jour, je lui dis : « Ma voisine,
»Avec aussi piquante mine,
»Avec regard aussi charmant,
»Vous avez, sans doute, un amant?
»Être indiscret, n'est pas mon caractère,
» Et ce que je sais, je sais fort bien le taire ;
»Et ce que je sais, je sais le taire.

La belle, d'un air sérieux,
Me dit : « Monsieur est curieux ! »
Puis, en s'éloignant d'un pas ferme,
Ouvre sa porte, entre et la ferme :
Surpris de ce ton singulier,
Je lui criai, sur l'escalier :
« Etre indiscret, n'est pas mon caractère, &c

Sur le minuit, rentrant chez moi,
Poussé par un je ne sais quoi,
Je vis la clef après sa porte :
Le diable, ou l'amour me transporte ;
Je tourne la clef lentement,
J'ouvre la porte doucement.
Être indiscret, n'est pas mon caractère,
Et ce que je sais , je sais fort bien le taire ;
Et ce que je sais , je sais le taire.

————◆※◆————

Dans son antichambre, à tâtons,
J'entrai, sans poser les talons :
Bouche ouverte, oreille attentive,
Cœur palpitant , sur le qui-vive,
Tremblant de crainte et de plaisir,
Mais attiré par le desir.
Être indiscret, n'est pas mon caractère, &c.

————◆※◆————

Au fond de son appartement,
Mon œil apperçoit, justement
Une cloison assez mal jointe ;
M'élevant un peu sur la pointe,
En clignant l'œil, je pouvais voir
Ce qu'on faisait dans le boudoir.
Être indiscret, n'est pas mon caractère,
Et ce que je sais, je sais fort bien le taire ;
Et ce que je sais, je sais le taire.

***

Femme charmante est au miroir,
La glace doublait mon espoir ;
Une superbe chevelure
Flottait autour de sa figure ;
Je jugeais par son embonpoint,
De ce que je ne voyais point.
Être indiscret, n'est pas mon caractère, &c.

***

La belle se déshabillait ;

A chaque épingle qu'elle ôtait,

De plaisir je versais des larmes ;

Je me disais : « Ah ! que de charmes

»Sont cachés sous ce vêtement ! »

J'aspirais au dernier moment.

Être indiscret, n'est pas mon caractère,

Et ce que je sais, je sais fort bien le taire ;

Et ce que je sais, je sais le taire.

Grands dieux ! en croirai-je mes yeux ?

Ces beaux et superbes cheveux

Étaient une perruque blonde ;

Et cette belle forme ronde

Devait tout au fichu menteur ;

En elle, tout était trompeur.

Être indiscret, n'est pas mon caractère, &c.

Les faux appas de ma Lison
Me rendirent à la raison ;
Mon cœur, de feu, devint de glace ;
Sans dire mot, quittant la place,
Je sortis, tout déconcerté ;
De rien je ne me suis vanté.
Être indiscret, n'est pas mon caractère,
Et ce que je sais, je sais fort bien le taire ;
Et ce que je sais, je sais le taire.

QUE VOULEZ-VOUS?*

DIALOGUE

ENTRE LE DESTIN ET LES HUMAINS,

RÊVE.

AIR : Trouverez-vous un parlement ?

Noté n° 3.

J'AI rêvé que j'étais Destin,
Ayant le pouvoir de tout faire :
Je dis : « Consultons chaque humain,
» Faisons tout ce qui peut leur plaire :
» Rendre tous les hommes heureux,
» M'est très-possible, ce me semble ».
J'ouvre la fenêtre des cieux,
Et dis : « Que l'univers s'assemble ».

Voila le genre humain debout,
Le nez en l'air, bouche béante ;
D'inquiétude, chacun bout ;
L'on va, l'on vient, on se tourmente :
Je leur dis : « Puisque je peux tout,
»Soyez heureux, je le commande ;
»Et que chacun, selon son goût,
»Ici, me fasse sa demande.

——✳——

LE DESTIN. [1]

»*Que voulez-vous?*

UN HUMAIN.

— »Je veux la paix.

LE DESTIN.

»*Que voulez-vous?*

UN AUTRE HUMAIN.

— »Je veux la guerre.

[1] Par la question ou la réponse, ou la demande, on doit juger de l'état ou du caractère de celui qui parle, et donner l'intonation et l'expression nécessaires à ce dialogue.

— » *Que voulez-vous ?* — Vivre à jamais.

— » *Que voulez-vous?*—Moi,qu'on m'enterre.

— » Soyons tous turcs. — Non, tous chrétiens.

— » Parlons tous le même langage.

(CHORUS des trois quarts et demi du genre humain.)

» Non, soyons tous égaux en biens,

» Nous n'en voulons pas davantage.

———✳———

» DONNEZ-NOUS à tous de l'esprit.

— » Non, laissez-nous dans l'ignorance.

— » Cet être ne sait ce qu'il dit :

— » Cet autre est plein de suffisance.

— » A bas les arts et les talens »,

Dit une troupe de rebelles.

— « N'ayons jamais plus de vingt ans »,

S'écriait un groupe de belles.

———✳———

—» Tuez les noirs. — Tuez les blancs.

—» Laissez-les vivre, pêle-mêle.

—» Par an, donnez quatre printemps.

—» Retranchez vents, et pluie, et grêle.

—» Otez et douleur et chagrin

» Qui sans cesse affligent notre être.

—» Moi, je veux être souverain.

—» Et moi, je ne veux pas de maître.

—✳—

—» Je veux voler, comme l'oiseau.

—» Je veux diriger le tonnerre.

—» Je veux pouvoir vivre dans l'eau.

—» Je veux pouvoir percer la terre.

—» Je veux lire dans l'avenir,

» Et du passé, garder mémoire.

—» Du présent, seul, je veux jouir,

» Et toujours rire, aimer et boire.

—✳—

—»Ce n'est pas assez de cinq sens,
»Triplez-nous chaque jouissance.
—»Vous régnez depuis trop long-temps,
»Cédez-nous la toute-puissance.... ».
Alors, je leur dis, en courroux,
Et du ton d'un Être suprême :
«Allez au diable, maîtres foux,
»Tout marchera toujours de même ».

L'IMPOSSIBLE.*

AIR : J'ai perdu mon âne.

Noté n° 4.

FAIRE l'*impossible*,
Ne m'est pas possible ;
Je tourne, en vain, mon esprit,
Ma Muse toujours me dit :
« Faire l'*impossible*
» Ne t'est pas possible ».

SOUVENT le possible ,
Devient *impossible :*
On aime dix ans , vingt ans;
Mais tout s'use, avec le temps :
Alors le possible
Devient *impossible.*

Il est *impossible*,
Que tout bien possible
Puisse être fait promptement ;
Mais faire, dans un moment,
Tout le mal possible,
N'est pas *impossible*.

—✳—

Amour, l'*impossible*
T'est souvent possible :
Enseigne-moi l'art charmant
Qui nous fait plaire en aimant ;
Pour moi, l'*impossible*
Deviendra possible.

—✳—

S'il était possible,
(Mais c'est *impossible*,)
De suivre tous ses desirs,
Que nous aurions de plaisirs !
Si c'était possible !
Mais c'est *impossible*.

—✳—

J'AI fait l'*impossible* ;
Mais il est possible
Qu'on exige, en ma chanson,
Plus de rime et de raison ;
Quoique très-possible,
Ça m'est *impossible*.

JE M'EN RIS, *

BOUTADE.

AIR : Vaudeville de Jean Monet.

Noté n° 5.

JE me ris du philosophe
Qui régente l'univers ;
En ricanant, j'apostrophe
Les grands faiseurs de grands vers :
    Leurs esprits
    De grand prix,
Nous ont fait, par leurs chef-d'œuvres,
Avaler trop de couleuvres ;
Au diable, eux et leurs écrits. ter.

Je me ris de la fortune,
La gaîté vaut mieux que l'or ;
Trop de grandeur importune,
L'esprit perd son libre essor :
  Le matin,
  Plume en main,
Sans songer que le temps m'use,
Je m'amuse avec ma Muse,
En forgeant joyeux refrain. ter.

———❖———

Je me ris souvent des belles,
Et j'adore les Amours ;
Ces petits dieux ont des ailes,
C'est pour voltiger toujours :
  Dans mes vers
  De travers,
Célébrant la plus jolie,
Je dis, avec la folie,
«Tout change dans l'univers». ter.

———❖———

JE me ris des grandes tables ,
Couvertes d'excellens mets,
Et de ces vins délectables ,
Que nous vantent les gourmets :
    Peu d'amis ,
    Bien unis ,
Que franche gaîté rassemble ,
Dînant et riant ensemble ,
Voilà le vrai paradis. ter.

JE me ris de bien des choses
Dont s'enivrent les humains ;
Évitons, pour bonnes causes,
De choquer les gens chagrins :
    Trait d'esprit ,
    Dont on rit ,
Qui vole de bouche en bouche ,
Peut faire qu'un auteur couche
Autre part que dans son lit. ter.

L'ŒUF ET LA POULE,

PROBLÊME.

AIR : Vaudeville du Réveil d'Epiménide.

Noté n° 6.

SANS œuf on n'a point de poule,
Et sans poule on n'a point d'œuf ;
Si l'œuf est fils de la poule,
La poule est fille de l'œuf :
Pour avoir première poule,
Ou pour avoir premier œuf,
Fit-on l'œuf avant la poule ?
Fit-on la poule avant l'œuf ?

— * —

SI nature a pu sans poule
Produire le premier œuf,
Pourquoi faut-il une poule
Lorsqu'on veut avoir un œuf ?

Il me semble que la poule
Doit être faite avant l'œuf ;
Mais sans œuf, faisant la poule ,
On n'avoit plus besoin d'œuf.

RACE éternelle de poules ,
Et race éternelle d'œufs ,
Pourraient faire qu'œufs et poules
Soient enfans de poule et d'œufs :
Un cercle d'œuf et de poule
Doit-il commencer par l'œuf?
Dans ce cercle en vain je roule ,
Mon esprit est toujours neuf.

MON SEUL DESIR,

RÊVE.

A ZÉLIS.

AIR : Dans un verger Colinette.

Noté n° 7.

Un agréable mensonge.
M'a charmé toute la nuit ;
Près de toi j'étais en songe,
Car mon cœur toujours te suit :
Nous voyagions à Cythère ;
De fleurs je te couronnais,
Et voilà, je crois, ma chère,
Ce qu'en rêvant je chantais.

« ZÉLIS, je nargue l'Olympe,
Quand je vois tes jolis yeux ;
Que m'importe que l'on grimpe
Au séjour de tous ces dieux ?
Mon vrai bonheur est sur terre,
Sur terre sont mes plaisirs :
T'aimer et savoir te plaire,
Ce sont là *mes seuls desirs* ».

* * *

« QUE m'importe que l'histoire
Célèbre, après moi, mon nom,
Et qu'on garde la mémoire
De ce qui n'est plus qu'un son ?
Quand on n'est plus rien sur terre,
Que fait un vain avenir ?
T'aimer et savoir te plaire,
Zélis, c'est *mon seul desir* ».

* * *

« QUE m'importe la richesse,
Et le luxe et la splendeur?
De toi, la moindre caresse
Sait bien mieux flatter mon cœur :
De ces honneurs qu'on révère,
Peu m'importe de jouir ;
T'aimer et savoir te plaire,
Zélis, c'est *mon seul desir* ».

« QUE m'importe la sagesse,
Si tu ris de ma gaîté?
Pouvoir t'amuser sans cesse
Serait ma félicité :
Pourrais-je envier Voltaire,
Si mes vers te font plaisir?
T'aimer et savoir te plaire,
Zélis, c'est *mon seul desir* ».

MA BIBLIOTHÈQUE,

OU

LE CAUCHEMAR,

Chanson faite en 1795 , à l'occasion de la chute des assignats, temps où je fus obligé de vendre une partie de mes livres.

AIR : Je suis né natif de Ferrare.

Noté n° 8.

QUAND un individu sommeille
Sur nez , sur dos ou sur oreille ,
Enfin n'importe dans quel sens ,
Il est privé de ses cinq sens : bis.
J'étais ainsi la nuit dernière ,
Morphée avait clos ma paupière ,
Tranquillement je végétais ,
Et sans le savoir j'existais. bis.

CE feu, ce souffle, cette flamme,
Cet esprit que l'on appelle ame,
Et qui fait mouvoir les ressorts
De l'incompréhensible corps : bis.
Enfin cet éternel atôme,
Me fit voir en songe un fantôme
Qui n'existait pas en effet,
Mais réellement m'étouffait. bis.

————*————

CE monstre, d'effroyable mine,
A deux genoux sur ma poitrine,
De plus en plus pesant sur moi,
Remplissait mon ame d'effroi : bis.
Ma cervelle était en désordre,
Pour m'échapper je veux me tordre,
Mais il me cloua dans mon lit,
Et, tout en m'oppressant, me dit: bis.

————*————

AIR : Aussi-tôt que la lumière.
Noté n° 9.

« A grands pas , l'hiver s'avance ,
Et va centupler tes maux ;
Pour fournir à ta dépense ,
Il te faudra des lingots :
Ce qu'on nommait une livre
A peine vaut un denier ;
Enfin il faudra pour vivre
Des montagnes de papier ».

———◆———

« DÉJA de froid tu grelotes ,
Les jours aux nuits sont égaux ;
Sans manteau, sans gants, sans bottes ,
Que feras-tu, Despreaux ?
Ni bois ni vin dans ta cave ,
De chandelle pas un bout :
Faussement on fait le brave
Lorsque l'on manque de tout ».

———◆———

« GRACE à l'honnête fortune
Que t'acquirent tes talens,
Naguère en cette COMMUNE [1]
Tu passais fort bien ton temps :
Tu n'as plus rien dans ta bourse,
Pourvu d'un grand appétit,
Crois-moi , ta seule ressource
Est de te nourrir d'esprit ».

———————

« UNE tartine de beurre
Vaut plus que jadis un bœuf ;
Dans un mois , à pareille heure ,
Quel sera le prix d'un œuf?
Par décade mille livres
Ne peuvent payer ton pain :
Mon ami , mange tes livres
Pour ne pas mourir de faim ».

———————

[1] On venait de remplacer les noms de ville , bourg
et village par celui de commune.

« Ce n'est point une chimère,
Vends tous tes auteurs fameux ;
Avec le divin Homère
Tu vivras un jour ou deux :
Avec le pensif Jean-Jacques [1]
Tu peux exister long-temps,
Et peut-être attraper Pâques
En grugeant d'autres savans ».

« Tu peux compter sur Virgile
Pour un an de ton loyer ;
Et son traducteur Delille
Paîra ton vieux jardinier :
Plutarque pourra sans peine
Te donner vingt bons repas ;
Avec le bon La Fontaine
Régale-toi les jours gras ».

[1] Dans ce temps, Jean-Jacques Rousseau était en vogue plus que jamais.

« QUE don QUICHOTTE le brave
Monte ta garde en ton nom ;
De vin fais remplir ta cave
Par l'aimable ANACRÉON :
Fais-toi fournir de lumière
Par NEWTON tout cet hiver,
Et qu'en ta maison entière
MILTON fasse un feu d'enfer ».

* * *

« SOIS sobre avec les SEPT SAGES
Et mange du pain rassis ;
Fais payer tous tes voyages
Par le jeune ANACHARSIS :
Laisse-là ta rhétorique ;
Pour des fleurs vends CICÉRON :
Par SCARRON, ce vieux comique,
Fais-toi faire un pantalon ».

* * *

« Avec le piquant Horace,
Et le mordant Juvenal,
Et le croustilleux Bocace,
Crois-moi, ne sois pas frugal :
Suis tes joyeuses envies,
Ris de ce qu'on en dira ;
Si tu fais quelques folies,
Erasme s'en chargera ».

« Pour agir avec prudence,
Cache tes livres pieux ;
Après ce temps de démence
Ils deviendront précieux :
Dans ce régime barbare,
Qui ne veut ni loi, ni Dieu,
Vois, pour toi, de l'or en barre
Dans le sage Montesquieu ».

« Joli papier Deshoulière
Pourra mettre en ton boudoir ;
Théophraste et la Bruyère
Y placeront un miroir :
Bonne lunette d'approche,
Raynal pourra te fournir,
Conserve-la dans ta poche
Pour lire dans l'avenir ».

————※————

« De Buffon le vaste ouvrage
Produira du minéral,
Pour avoir en ton ménage
Animal et végétal :
De sel ne sois point avare,
Boileau t'en prodiguera ;
Si le sucre est chose rare,
Gresset t'en régalera ».

————※————

« POUR avoir un fonds de terre
Qui nourrisse tes vieux jours,
Le grand CORNEILLE et VOLTAIRE
Te seront d'un prompt secours :
Avec ton RACINE achète
Le plus pur des diamans ;
Sois certain que cette emplète
Sera de mode en tout temps ».

———✳———

« POUR chasser ton humeur noire
Fais avec COLLÉ, PANARD,
Un déjeuner dinatoire ;
Du dessert charge FAVART :
Passe ton après-dînée
En trinquant avec PIRON ;
Et termine ta journée
En soupant avec NINON ».

———✳———

« VENDS ton *Traité des Extrémes*
Pour avoir règle et compas ;
Et tes *auteurs à systémes*,
A celui qui n'y voit pas :
Pour liqueur spiritueuse,
Change le brillant écrit
De la plume ingénieuse
Qui crut définir l'Esprit [1] ».

———❖———

« VEUX-TU du charbon-de-terre ?
Cède ton *Théâtre anglais ;*
N'attends rien que de l'eau claire
De ton doucereux SEGRAIS :
Compte au moins sur une livre
D'opium pour tes *romans,*
Et pour du vinaigre, livre
Tes journaux les plus mordans ».

———❖———

[1] Helvétius.

« Pour étrenne, à ton amie,
Donne le Gentil Bernard ;
Fais-lui voir la comédie
Avec Molière et Regnard :
Billet de premières places
De Saint-Foix [1] lui donnera ;
Fais-la régaler de glaces
Par les *auteurs d'opéra* ».

———❉———

« Une pinte d'encre noire
Te fournira Crébillon ;
D'une charmante écritoire
Bernis te fera le don :
Tu possèdes dans Voiture
Deux tomes bien reliés ;
Tâche, avec la couverture,
De te faire des souliers ».

———❉———

[1] Auteur de la comédie des Graces.

« Un salmi philosophique
Tu peux faire avec CHAULIEU,
Et ROUSSEAU le satirique,
Et le *Compère Matthieu* ;
Joins-y LUCRÈCE, ÉPICURE,
De *Candide* le roman,
Le *Systéme de Nature*,
RABELAIS et l'*Alcoran* ».

* * *

« MANGE ta bibliothèque,
Peut-être on la brûlera ;
Mange LUCAIN et SENÈQUE,
PLATON, LOCKE, *et cætera* ;....
Mange le *Temple de Gnide*,
FÉNÉLON, GRÉCOURT, DORAT,
Et métamorphose OVIDE
En un dîner délicat ».

* * *

« OUBLIANT les catastrophes,
Causes du malheur présent,
Mange tous tes philosophes,
N'épargne pas un savant :
Fais-leur payer ta dépense,
Bois beaucoup pour t'étourdir,
Et sur l'histoire de France
Vois si tu peux t'endormir ».

MON EMMÉNAGEMENT

A MONTMARTRE,

où je me retirai pendant les trois années
de terreur.

AIR : On compterait les diamans.

Noté n° 10.

Un peu plus haut que les clochers,
Près de la céleste demeure,
Ma femme et moi sommes juchés ;
On y monte en moins d'un quart-d'heure :
Les habitans de ces cantons
Ne sont pas ceux du mont Parnasse ;
Ce sont simplement des ânons
Fort jaloux d'accroître leur race. bis.

Le ci-devant dieu Jupiter
Se logeait sur le mont Olympe ;
Aimant comme lui le grand air,
Sur le Mont-Martre, moi, je grimpe :
A cheval sur un fier aiglon,
Il volait, portant son tonnerre ;
Sur l'humble dos de mon ânon,
Moi, je voyage terre à terre. bis.

—✳—

Là, je découvre à l'horizon
Des bourgs, des cités plus de mille ;
Près de mon œil un moucheron,
En passant, me masque une ville :
Le matin, je vois dans les airs
Moitié de la voûte céleste ;
Et de ce superbe univers,
Le soir j'apperçois tout le reste. bis.

—✳—

Au bord de Paris et des champs,
Avec mon aimable compagne,
Mon cœur goûte les agrémens
De la ville et de la campagne :
Paisible du matin au soir,
Là, sous des voûtes de verdure,
En main la bêche ou l'arrosoir,
Je tâche d'aider la nature. bis.

————✳————

ÉTANT à mi-chemin des cieux,
Et presque au-dessus des nuages,
Entre les hommes et les dieux,
Je vois se former les orages :
Lorsque sifflent les aquilons,
Quand sous mes pieds la foudre gronde [1],
Tranquille au séjour des ânons [2],
Je philosophe sur ce monde. bis.

[1] Allusions aux canons que l'on tirait souvent.
[2] Le chemin était si escarpé, que les patrouilles
négligeaient d'y monter.

LE OUI,

IMPROMPTU

fait à la noce de madame M....

AIR : Mon père, je viens devant vous.

Noté n° 11.

LA charmante chose qu'un *oui !*
Nous lui devons notre existence ;
Ma mère à mon père a dit *oui*,
Neuf mois après je pris naissance : bis.
Nos grands papas bis, nos grands mamans,
Sans *oui* n'auroient pas eu d'enfans. bis.

Si vous n'aviez jamais dit *oui*,
Belle , vous seriez encor fille ;
Vous avez lié par un *oui*
Ce jeune homme à votre famille ; bis.
Et par un *oui* bis, bonne maman ,
Vous avez un second enfant. bis.

Un honnête homme n'a qu'un *oui*,
Rien ne plaît tant que la droiture ;
De votre excellent père un *oui*
Vaut autant que sa signature : bis.
En vous parlant bis , en écrivant,
Il est toujours sincère et franc. bis.

———◆※◆———

Désirez - vous être heureux ? *oui ;*
Tous les deux , dans votre ménage ,
L'un à l'autre répondez *oui,*
De tous les mots c'est le plus sage : bis.
Qu'on est heureux bis , matin et soir,
Lorsqu'à deux on n'a qu'un vouloir ! bis.

———◆※◆———

De boire êtes-vous en train ? *oui ;*
Buvons au nouveau mariage ;
De rire vous plairait-il ? *oui ;*
Embrassons le jeune ménage : bis.
Baisons l'époux, baisons l'épouse et les mamans,
Et puis tous ces minois charmans. bis.

LA CARTE. *

Cette chanson fut faite dans le temps où l'on ne pou-
vait sortir de Paris sans montrer sa carte de sûreté ;
et même la nuit dans les rues , il falloit la montrer
à chaque corps-de-garde.

AIR : Vaudeville de Oui et Non.

Noté nº 12.

Un étranger vient à Paris,
Il n'entend parler que de *carte ;*
Pour aller hors de son logis,
En poche il lui faut une *carte ;*
Il va chez un restaurateur,
On lui montre, en entrant, la *carte ;*
Lorsqu'il en sort, le serviteur
Lui dit : « Monsieur, payez la *carte* ».

Un maître d'armes, tous les jours,
Lui montre la tierce et la quarte ;
Des rivières il voit le cours
Au long tracé sur une *carte :*
Des spectacles, chaque matin,
Il parcourt la longue pancarte,
Et lentement un médecin
Le guérit de la fièvre quarte. } bis.

—◦✳◦—

Il va dîner chez des amis,
Pour jouer il prend une *carte ;*
D'honnêtes gens, des gens bien mis,
Tâchent de voir ce qu'il écarte :
Il perd et regrette l'argent,
Dont la moitié demeure aux *cartes.*
« Monsieur, êtes-vous mécontent ? »
Lui dit un fat, « prenez des *cartes* ». } bis.

—◦✳◦—

Un politique, dans un coin,
Dit : « Je sais le dessous des *cartes* ;
» Messieurs, la guerre n'est pas loin ;
» Oui, je vois se brouiller les *cartes* :
» De l'ennemi je ne crains rien,
» A chaque instant il perd la *carte* ;
» Donnons, pour que tout marche bien, ⎱
» Tous CARTE BLANCHE à B***». ⎰ bis.

MON CALENDRIER.

Air : Tous les Bourgeois de Châtres.

Noté n° 13.

La vie est un passage,
Qui dure peu d'instans ;
Il est d'un homme sage
D'en partager le temps.
Des jours et des saisons, il faut faire un triage,
Et, pour ne pas nous ennuyer,
Composer un calendrier
Qui soit pour notre usage.

De trois fois trente belles,
Composons mon printemps ;
D'amis bons et fidèles,
L'été, je fais trois rangs :

De chansonniers joyeux, j'enrichis mon automne :
  Pour les temps froids et pluvieux,
  J'inscrirai les gens sérieux ,
    Dont le savoir étonne.

———✳———

    Je fêterai les Graces
    En toutes les saisons ;
    Je réserve trois places,
    Pour de bonnes raisons ,
A l'esprit, au bon goût, sur-tout à la folie :
      Toujours chantant,
      Toujours fêtant ,
    Je gagnerai le bout de l'an
      Et celui de la vie.

ADIEU A L'HIVER, *

chanson faite la veille du 1er germinal.

AIR : des Trembleurs.

Noté n° 14.

ADIEU frimas et froidure,
Coin du feu, manchon, fourrure,
Rhume, catarre, engelure,
Neige, grêle, pluie et vents :
Triste hiver, mal nécessaire,
Des plus beaux jours le contraire,
Pour neuf mois, quitte la terre,
Cède le monde au printemps.

Vent de bise, qui tout glace,
Fais, à l'instant, volte-face ;
Retourne au pôle, et fais place
A la saison des amours.
Je vois poindre la verdure ;
Et l'horizon, qui s'épure,
M'annonce que la nature
Va ramener les beaux jours.

———◆※◆———

De nos rives désolées,
Fuyez, froides giboulées ;
Partez, tardives gelées,
Le fléau de nos guérets.
Ah ! puissions-nous voir la guerre,
Et sa gloire imaginaire,
Avec vous, quitter la terre,
Mais ne revenir jamais !

———◆※◆———

Brouillard, quitte l'atmosphère ;
Rosée , imbibe la terre ;
Soleil , lance ta lumière ,
Et fais éclore les fleurs.
Vous , petits êtres volages ,
Venez sous nos verds feuillages ,
Par vos amoureux ramages ,
Rendre le calme à nos cœurs.

Hiver , il faut disparaître ;
Demain , le printemps va naître ;
Je sens déjà , dans mon être ,
Circuler son tendre feu.
Je retrouve ma jeunesse ,
Ma gaîté , mon allégresse ;
Quitte ces lieux ; le temps presse :
Va-t'en , minuit sonne , adieu.

LE COUP DE VENT,

OU

L'ÉQUINOXE,

CONTE PRESQUE VÉRITABLE.

AIR : J'étais bon chasseur autrefois.

Noté n° 15.

JUSTE aux deux tiers du mois de mars,
Desirant traverser la Seine,
En enfilant le pont des arts,
Je vis une plaisante scène :
Une nymphe passait le pont,
Zéphir voltigeant autour d'elle
Sur ses reins moula son jupon :
Ah ! quelle forme ! ah ! qu'elle est belle !

Un aquilon, en tournoyant,
Traversait aussi la rivière,
Et de cet objet attrayant,
Il me fit voir la jarretière :
Le schall s'envole dans les airs,
Un folâtre Amour, d'un coup d'aîle,
Jeta le fichu de travers :
Ah! qu'elle est blanche! ah! qu'elle est belle!

———❋———

Borée arrive, et comme un fou
Dévoile la belle inconnue ;
La pauvre nymphe ne sait où
Se cacher, elle est presque nue :
Ah ! le beau cou ! les charmans yeux !
D'un bleu céleste est leur prunelle ;
Dans les airs flottent ses cheveux ;
Ah! qu'ils sont beaux! ah! qu'elle est belle!

———❋———

ZÉPHIR, redoutant aquilon,
Sous l'étoffe légère grimpe ;
Et la nymphe, comme un ballon,
Allait cheminer vers l'olympe :
Elle prend les rubans, les rompt ;
La jupe, comme une hirondelle,
Vole et la laisse sur le pont ;
Ah ! que d'attraits ! ah ! qu'elle est belle !

PAR-LA passe un peintre savant,
Qui de David est un élève ;
Pour dérober la proie au vent,
Il la prend dans ses bras, l'enlève :
Il s'écria, doublant le pas,
C'est la Vénus de Praxitèle !
Elle a juste tous ses appas :
Ah! qu'elle est ferme! ah! qu'elle est belle!

L'EXERCICE POÉTIQUE,

OU

LE RÉVEIL D'UN POÈTE MILITAIRE.

AIR : Vaudeville d'Arlequin afficheur.
Noté n° 28.
Ou de la Croisée.
Noté n° 16.

Un Français poète et soldat,
Songeant à ces deux exercices,
S'endort et rêve qu'il combat
Les ridicules et les vices;
Il se réveille au point du jour,
Et dans sa verve martiale
Prend son oreiller pour tambour,
Et bat la générale.

AIR : de la générale.
Noté n° 17.

« RÉVEILLEZ-VOUS, mes cinq sens,
    Soyez agissans : ter.
Animez-vous, mes esprits,
    Nous sommes surpris ». ter.

———— ✳ ————

Roulement !..... attention !..... garde à vous !.....

AIR : du pas redoublé de l'infanterie.
Noté n° 18.

« SENS commun, marche le premier,
    Mets la rime à la ligne ;
Surprise, ne viens qu'en dernier,
    Suis bien cette consigne ;
Syllabes, gardez votre rang,
    Et marchez en cadence ;
Langage, sois correct et franc ;
    Joyeuse Muse, avance ».

———— ✳ ————

« ORTHOGRAPHE, à tous mes soldats,
    Fournis le nécessaire ;
Style, ne sois ni haut ni bas,
    Va presque terre à terre :
La virgule divisera
    Ta marche vive et leste ;
Fais halte au point.... l'*et cætera*
    Se chargera du reste ».

—✳—

« FROIDS jeux de mots, plats calembours,
    Et pointes triviales,
D'ici désertez pour toujours,
    Allez courir les halles :
Raison, entre dans ma chanson
    Pour en chasser l'emphase ;
Toi, piquante comparaison,
    Orne souvent ma phrase ».

—✳—

« Point de quartier, Muse, en avant,
    A cheval sur Pégase ;
Plume en main, va comme le vent,
Griffonne et chante et jase :
Sous les drapeaux de la gaîté
    Poursuis le ridicule ;
Les rieurs sont de ton côté,
    Qne le vice recule ».

—◆※◆—

« Qu'importe ? laisse-le crier,
    Va lui rompre en visière ;
Arme-toi de ton encrier,
    Fais voler la poussière :
Par un bon trait fais retirer
    L'immoral moraliste ;
A boulet rouge il faut tirer
    Sur ce plat libelliste ».

—◆※◆—

« Mon Pégase, il faut te cabrer
  Contre ces philosophes ;
Et toi, ma Muse, il faut sabrer
  Leurs tristes apostrophes :
Pique en avant, sans avoir peur.
  D'un fou quand il raisonne ;
Sape-moi ce fameux sapeur ;
  Va donc..... la charge sonne ».

——✳——

« Vois ces ennemis de Momus
  Sur ces monceaux de drames ;
Ces noirs fossoyeurs de Phébus,
  Amans des noires trames....
Alte-là..... sur les esprits faux
  Laissons frapper les autres ;
Plaignons-les d'avoir des défauts,
  Et corrigeons les nôtres ».

CONSEILS

AUX SANS-CULOTTES;

chanson faite dans le courant de l'année
1793 [1].

AIR : C'est ce qui me console.

Noté n° 19.

R'HABILLEZ-VOUS, peuple Français,
Ne donnez plus dans les excès
  De nos faux patriotes : bis.
Ne croyez plus que d'être nu
Soit une preuve de vertu ;
  *Remettez vos culottes. bis.

———※———

[1] La mode était alors de s'habiller en sans-culotte.

Distinguez donc l'homme de bien,
Du paresseux et du vaurien,
  Et des faux patriotes. bis.
Peuple honnête et laborieux,
Ne vous déguisez plus en gueux ;
  Remettez vos culottes. bis.

Ne jugez jamais par l'habit
Du sot ou de l'homme d'esprit,
  Ni des bons patriotes. bis.
Bourgeois, rentiers, richards, marchands,
Feraient périr mille artisans,
  S'ils allaient sans culottes. bis.

N'imitez plus, il en est temps,
Ces populaires charlatans
  Pillant les patriotes. bis.

Dieu fit l'industrie et les mains,
Pour faire vivre les humains,
  Et gagner des culottes. bis.

De l'homme soutenez les droits ;
Mais sans désobéir aux loix,
  Soyez bons patriotes. bis.
Concitoyens, sans vous fâcher,
Cachez ce que l'on doit cacher ;
  Remettez vos culottes. bis.

LE PÉCHÉ. *

AIR : de Claudine *ou* le petit Commissionnaire.
Noté n° 1.
Ou C'est la fille à Simonette.
Noté n° 63.

On dit que le premier homme
Commit le premier péché,
En dérobant une pomme ;
Qu'ensuite il en fut fâché :
Je dis, moi, qui souvent pèche,
Que c'est un mal-entendu :
Je crois que l'abricot-pèche ╮ bis.
Était le fruit défendu. ╯

Je suis content quand je pèche,
Et quand j'ai péché, fâché ;
A moins que rien ne m'empêche
De faire un autre péché :

C'est souvent en vain qu'on prêche
Sur ce que les humains font :
Mon père a péché, je pèche, ⎱ bis.
Et mes enfans pècheront. ⎰

—◆※◆—

On assure que le juste,
Par jour, pèche au moins sept fois,
Savez-vous bien que c'est juste
Deux cent dix péchés par mois ?
Un juste est donc bien robuste
Pour pécher aussi souvent :
Je voudrais bien être juste, ⎱ bis.
Et pouvoir pécher autant. ⎰

—◆—

LE CENTRE.

AIR : Dans un verger Colinette.
Noté n° 7.

CHAQUE minute qui passe,
Est *centre* d'éternité ;
Et chaque point de l'espace,
Est *centre* d'immensité :
Au *centre* de tout nous sommes,
Centre de temps et de lieux ;
Il naîtra donc autant d'hommes
Que nous avons eu d'aïeux ?

Au *centre* de la Bourgogne
Est d'excellent vin clairet ;
Dans son *centre* est un ivrogne
Quand il est au cabaret :
Les groupes et les parterres
Où vont nos admirateurs,

Sont le *centre* des affaires
Des petits escamoteurs.

———✳———

GRACES à la providence,
Nos savans, nos beaux esprits,
Pour les arts et la science,
Ont un *centre* dans Paris :
Pour moi, le cœur de ma belle
Est un *centre* de bonheur ;
La flamme d'amour fidèle,
Est au *centre* de mon cœur.

———✳———

CE beau soleil est le *centre*
De notre vaste univers ;
Dans cette terre, où tout rentre,
Est le *centre* des enfers :
Je compte assez sur la grace,
Malgré mes joyeux écrits,
Pour obtenir, un jour, place
Au *centre* du paradis.

I.   5

DIALOGUE

ENTRE DEUX AMES,

dont l'une entre dans le monde et l'autre
en sort.

(La scene est sur le seuil de la porte de la vie.)

LA VIEILLE AME.

AIR : menuet d'Exaudet.

Noté n° 20.

Ou vas-tu?
D'où viens-tu?

LA JEUNE AME.

Je vais naître :
Ma sœur, je sors du néant,
Et je veux, un instant,
Faire mouvoir un être.

Mais toi, qui parles :

Où vas-tu?

D'où viens-tu?

LA VIEILLE AME.

Je suis lasse
De faire agir un vivant;
Dans un autre élément,
Je passe.

———✳———

LA JEUNE AME.
DE vivre, je suis avide.

LA VIEILLE AME.
Ah ! rien n'est plus insipide.

LA JEUNE AME.
C'est égal:
Bien ou mal,
Je veux naître.

LA VIEILLE AME.
Donne-toi bien du tourment,
Pour jouir un moment,
Peut-être.

     DIALOGUE

LA JEUNE AME.

En quels lieux
Est-on mieux ,
Ma chère ame?
Pour naître et pour vivre heureux,
Quel étui vaut le mieux?
Faut-il être homme ou femme?

LA VIEILLE AME.

Au hasard
Mets-toi ; car
Tout est chance :
Occupe-toi de jouir ;
Jamais, à l'avenir
Ne pense.

Adieu ; bon voyage.

——❊——

LA JEUNE AME.

Ecoute donc, ma sœur : comment m'y prendrai-je pour entrer dans le monde ?

LA VIEILLE AME.

AIR : Daignez m'épargner le reste.

Noté n° 21.

Si, d'amour un rayon divin ,
Pénètre le cœur d'une belle ,
De ce rayon, suis le chemin ,
Avec la première étincelle :
Végète neuf mois dans son sein ,
Tranquillement, si tu veux *étre ;*
Et puis au monde tu viendras ,
Tu souffriras, tu gémiras....

LA JEUNE AME, d'un ton insouciant.

Ah ! j'aime autant ne pas naître. bis.

LA VIEILLE AME.

Là, commencera ton printemps
L'insouciance et la folie,
T'étourdiront pendant quinze ans :
C'est le temps heureux de la vie :
Malgré valets, amis, parens,
Qui, tous, vont fatiguer ton être
Tu jouiras, folâtreras,
Au plaisir, seul, tu penseras....

LA JEUNE AME, gaîment.

Eh bien ! essayons de naître. bis.

LA VIEILLE AME.

A seize ans, douce émotion
Viendra te tourmenter, pauvre ame !
D'amour, l'ardente passion,
A vingt, augmentera ta flamme ;
Et dans ton étroite prison,
Ton corps, de toi, sera le maître ;

Tu brûleras, soupireras,
A ses ordres tu céderas.

LA JEUNE AME, d'un ton indécis.

Je ne sais si je veux naître. bis.

***

LA VIEILLE AME.

Et puis l'ambition naîtra ;
Adieu repos, joie et liesse :
Desir de gloire la suivra ;
C'est la plus délirante ivresse :
Tant que le bonheur conduira
Ton gigantesque et petit être,
Devant lui, tout s'écroulera,
Et puis, son tour aussi viendra,
Sans moule tu te trouveras, ⎱
Où je vais tu retourneras. ⎰ ¹

LA JEUNE AME, avec horreur.

Ah ! j'aime mieux ne pas naître. bis.

***

¹ On répète deux fois le trait de l'air des deux vers précédens.

LA VIEILLE AME.

Mais peut-être douce amitié
Séchera quelquefois tes larmes ;
Et peut-être, douce moitié,
De tes instans fera les charmes :
Un tel sort doit être envié ;
Mais tout cela n'est qu'un *peut-être*....

LA JEUNE AME, avec enthousiasme.

D'amitié, les doux sentimens,
L'emportent sur tous les tourmens :
Ma foi, je risque de naître. bis.

Elles s'envolent chacune de leur côté.

LA LANTERNE SOURDE. *

AIR : de la Baronne.

Noté n° 23.

Sur les lanternes,
N'attendez qu'un très-faible écrit ;
Je vais dire des balivernes,
Et non me fatiguer l'esprit
Sur des lanternes.

A la lanterne ,
On veut mettre l'abbé Henri ;
Tout un peuple hébêté le cerne ,
En répétant cent fois le cri :
« A la lanterne ».

« De la lanterne,
Répond l'abbé, « moi je me ris.
» Crois-tu donc, peuple que l'on berne,
» Voir plus clair, quand tu m'auras mis
» A la lanterne » ?

Pauvre lanterne
Est de peau mince ou de papier,
Et porte faible flamme interne :
« Tu représentes un rentier,
» Pauvre lanterne ».

Riche lanterne
Est un meuble d'appartement,
Dont, souvent, la lumière est terne.
Que vois-je en un riche ignorant ?
Riche lanterne.

Sourde lanterne
Montre sa clarté rarement :
S'ouvre-t-elle, tout se discerne.
Que rappelle un obscur savant ?
Sourde lanterne.

LE

THÉATRE DE LA VIE. *

AIR : Nage toujours, mais n't'y fie pas.

Note n° 24.

L'UNIVERS est un grand théâtre,
Et les humains sont les acteurs ;
Si quelquefois on y folâtre,
Souvent, on y verse des pleurs :
 Quelle folie !
 Pour un moment !
C'est vraiment une comédie.
 Passons la vie
 Joyeusement,
Sans trop songer au dénouement. bis

Le soleil éclaire la scène,
Et le temps fait les changemens ;
Pour le moindre rôle, on s'y gêne,
On y cabale en tous les temps.
Quelle folie ! pour un moment ! &c.

———*———

L'amour, l'ambition, l'envie,
Sont les rôles les plus bruyans :
Que d'acteurs y perdent la vie,
Pour y briller, quelques instans !
Quelle folie ! pour un moment ! &c.

———*———

Des milliers d'humains, par seconde,
Arrivent, de par le plaisir ;
Juste autant, dans la nuit profonde,
S'en vont, et voudraient revenir.
Quelle folie ! pour un moment ! &c.

———*———

On y voit beaucoup de désordre ;
Car le diable en est le souffleur ;
A s'y caresser et s'y mordre
S'occupe presque chaque acteur :
    Quelle folie !
    Pour un moment !
C'est vraiment une comédie.
    Passons la vie
    Joyeusement,
Sans trop songer au dénouement. bis.

———❊———

De ce magnifique spectacle,
Dont nul n'a vu le Directeur,
Que d'acteurs, s'en disant l'oracle,
Ont des humains fait le malheur !
Quelle folie ! pour un moment ! &c.

———❊———

Les beaux-arts étant mes idoles,
Moi, j'ai choisi, pour être heureux,
Dans le nombre immense des rôles,
Celui de chansonnier joyeux.
Par la folie,
A chaque instant,
Égayons cette comédie :
Passons la vie
En chansonnant,
Sans trop songer au dénouement. b.s.

LA
MANIE DU COMMERCE, *

CHANSON faite en 1797.

AIR : Ah ! povero Calpidgi.
Noté nº 11.

JADIS, richesses de sciences,
De talens et de connaissances,
Sur-tout, richesses de vertus,
Surpassaient richesses d'écus. bis.
Mais, ô commerce ! ta *manie* [1]
Des beaux-arts, éteint le génie.
Pour l'amateur, il n'est qu'un cri :
Ah ! povero Paridgi ! bis.

[1] Presque tout le monde voulait faire le commerce pendant la chute des assignats.

Par-tout, on perce des boutiques ;
Par-tout, on cherche des pratiques ;
Et pour s'enrichir, les talens,
Aux artistes, semblent trop lents : bis.
Chacun, jouant le même rôle,
Pour s'attraper, marche, court, vole ;
Et d'espérance, on est nourri.
    Ah ! povéro Paridgi ! bis.

———◆※◆———

Acheter dix, et vendre trente
A celui qui revend quarante,
Lorsqu'il rencontre un innocent,
Qui compte gagner cent pour cent, bis.
Du *commerce*, c'est la méthode :
La bonne foi n'est plus de mode ;
Tout va de dupe en dupe ainsi :
    Ah ! povéro Paridgi ! bis.

———◆※◆———

I.   6

Le peintre a laissé sa palette,
Et l'astronome, sa lunette.
Homme à talens, et gens d'esprit,
Pressés par le besoin, ont dit : bis.
« Ainsi que l'air, le numéraire
» A tout le monde est nécessaire.
» Pour vivre, agiotons aussi ».
    Ah ! povéro Paridgi ! bis.

* * *

J'ai vu Terpsichore et Thalie,
Changeant de goût et de folie,
Avoir en poche échantillon
De cassonade et de savon : bis.
J'ai vu la fière Melpomène,
Pour commercer, quitter la scène.
Eh bien ! nul ne s'est enrichi.
    Ah ! povéro Paridgi ! bis.

J'ai vu le Dieu de la tendresse,
Jouer à *la hausse*, à *la baisse*;
Enfin, la Reine des Amours,
Vend rubans et faveurs, au cours : bis.
Hélas! on vend bien autre chose!...
Mais ne disons pas tout, pour cause;
Répétons seulement ici :
    Ah! povéro Paridgi! bis.

———◆※◆———

Artistes de tous les étages,
Croyez-moi, redevenez sages,
Et rentrez dans votre atelier;
Que chacun fasse son métier. bis.
Faire ce qu'on ne sait pas faire,
Produit toujours mauvaise affaire.
Que de mal on a fait ainsi!
    Ah! povéro Paridgi! bis.

———◆※◆———

Comédien, revends tes paroles ;
Danseur, revends tes cabrioles ;
Musicien , revends tes sons ;
Chansonnier, revends tes chansons. bis.
Revoyant tout rentrer dans l'ordre,
Ma Muse cessera de mordre ,
Et dira, d'un ton réjoui :

    Ah ! bravò, bravò, Paridgi. bis.

LES LOUIS ET LES AMIS,

A MON AMI LOUIS D***.

AIR : Mon père était pot.

Noté n° 25.

Qu'ils sont rares les bons louis !
Combien peu l'on en trouve !
Qu'ils sont rares les bons amis !
  Tous les jours on l'éprouve ;
    Je me réjouis ,
    Quand j'ai des louis ;
  Mais si cela contente ,
    Fêter des amis
  M'est d'un plus grand prix ;
  Je ris , je bois , je chante.

Des faux amis, des faux louis,
    Méfiez-vous sans cesse ;
On en voit beaucoup à Paris,
    Très-commune est l'espèce !
        Les vrais bons amis,
        Les vrais bons louis,
    Sont bien rares sur terre :
        Pour échantillon,
        Prenez Louison,
    Vous ne pouvez mieux faire.

———✳———

Ce Louis est un vrai trésor,
    C'est chose très-certaine ;
Ce Louis vaut son pesant d'or.
    Cela se croit sans peine.
        J'aime les louis ;
        Pourtant je jouis
    Lorsque je les échange ;
        Mais pour celui-ci,
        C'est un bon ami,
    Je perdrais trop au change.

L'ABSENCE. *.

AIR : Mes bons amis, pourriez-vous m'enseigner ?

Noté n° 26.

DANS mon transport,
Oui, je maudis le sort
Qui m'a donné le mot *absence*.
Sur tous les sens,
Je le tourne, et je sens
Que d'esprit j'ai peu la présence.
Je sais bien qu'un amant
Rit d'un époux absent ;
Je sais qu'*absence,* en amour, est souffrance.
L'*absence* fait peine et plaisir ;
Elle produit crainte et desir ;
J'aime et je déteste l'*absence*.

Homme d'esprit,
Qui ne sait ce qu'il dit,
Du bon sens n'a pas la présence.
De même, un sot
Qui vous dit un bon mot,
En lui, c'est un moment d'*absence*:
Dans les cœurs amoureux,
Elle attise les feux;
Elle fait naître aussi l'indifférence.
L'absence fait peine et plaisir;
Elle produit crainte et desir;
J'aime et je déteste l'*absence*.

———※———

Quand un amant
Est trop long-temps absent,
Des bons maris il court la chance.
Dame vertu,
Souvent, à l'impromptu,
Cède par un moment d'*absence*.

Besoin, amour, transport,
Aux absens donnent tort :
Que d'inconstans l'*absence* a fait en France !
L'*absence* fait peine, &c.

———❖———

P O U R cet écrit,
Plein d'absence d'esprit,
Amis, ayez de l'indulgence !
Pour que ce mot
Fût traité comme il faut,
Il fallait faire une romance.
Langoureuses chansons,
Pour dîner de garçons,
Serait, d'esprit, *absence* ou bien démence.
Tristesse absente est un bonheur,
Folie absente est un malheur.
J'aime et je déteste l'*absence*

LE LANGAGE DES YEUX.

CHANSON PANTOMIME[1].

AIR : Chacun avec moi l'avoûra.

Noté n° 27.

J'AI l'art de lire dans les yeux,
Et de savoir ce que l'on pense ;
J'y vois si le cœur est heureux,
S'il est capable de constance : bis.
Que de choses disent les yeux ! bis.
Que notre bouche n'ose dire !
Les miens, dans cet art merveilleux,
Joints à mes vers bis. vont vous instruire.
Joints à mes vers vont vous instruire.

[1] Cette chanson a besoin d'être jouée : la différente
expression des yeux doit se montrer à chaque tableau.

L'espérance rend l'œil brillant ;
Le chagrin ternit la prunelle ;
Le desir a l'œil suppliant ;
Par le plaisir il étincelle : bis.
Enfin plus le cœur est heureux , bis.
Plus l'œil réfléchit de lumière.
La volupté (lève les yeux bis.) [1]
En baissant un peu la paupière.
En baissant un peu la paupière.

—◦❉◦—

Lorsque l'œil est bien éveillé ,
Du cœur il montre l'allégresse ;
S'il est terne et demi-mouillé ,
Le cœur est navré de tristesse : bis.
Méfiez-vous des yeux follets bis.
Qui ne brillent qu'une seconde ;
Ces yeux sont de petits coquets ,
Qui veulent plaire bis. à tout le monde.
Qui veulent plaire à tout le monde.

—◦❉◦—

[1] L'expression, pour ce vers, exige de lever les yeux par gradation. C'est pour cela qu'on répète plusieurs fois cette phrase.

Un œil hardi souvent déplaît ;
Le regard timide intéresse,
Il annonce un amour discret,
Plein de soins, de délicatesse. bis.
Quand l'amour rend l'esprit distrait, bis.
L'œil est fixé, le cœur balance,
Il redoute ce qu'il voudrait ;
Ce regard là bis. donne espérance.
Ce regard là donne espérance.

—◆—❋—◆—

Sourcils froncés, œil de côté,
Jamais n'annoncent la franchise ;
OEil froid et sans vivacité,
Est souvent preuve de bêtise : bis.
Petits yeux vifs, étincelans, bis.
Prouvent d'avance le contraire ;
Ils ont des charmes séduisans,
Et ces yeux-là bis. sont sûrs de plaire.
Et ces yeux là sont sûrs de plaire.

—◆—❋—◆—

Tout ce qu'on sent bien vivement,

Dans la prunelle vient se peindre ;

Les yeux me trompent rarement,

C'est en vain que le cœur veut feindre. bis.

Vos regards mentiraient, vraiment bis.

Si votre ame était inflexible ;

Car j'y vois qu'un ami constant

Pourrait bien vous bis. rendre sensible.

Pourrait bien vous rendre sensible.

Ne tenez pas à la couleur,

Quand leur expression vous guide ;

N'attendez jamais rien du cœur,

Si le regard est insipide ; bis.

Le génie a l'œil pénétrant, bis.

Il fixe la voûte céleste.

Toi, Vénus, ton regard mourant,

De ma chanson bis. dira le reste.

De ma chanson dira le reste.

LA FUMÉE. ⋆

AIR : Vaudeville d'Arlequin afficheur.

Noté n° 16.

Je lis tout, et je ne sais rien ;
Mais, qu'importe ? cela m'amuse ;
Comme beaucoup de gens de bien,
Je fais ma cour à chaque Muse :
Je danse, et chante, et fais des vers,
Sans prétendre à la renommée,
Qui, de même que l'univers,
　N'est qu'un peu de *fumée.*

———◆※———

Si nous en croyons un savant [1],
Le feu, de tout, est le principe;
Lui seul forme le diamant,
Lui seul, de même, le dissipe :
Le monde, par lui, finira;
La terre sera transformée,
Comme moi, vous, *et cœtera*,
   En un peu de *fumée*.

———※———

Sous les petits murs d'Ilion,
Voyez le colérique Achille,
Par sa rage, comme un lion,
Faire frémir toute une ville :
Un lâche le pique au talon ;
Ce héros, plus fort qu'une armée,
Sur un bûcher, tout de son long,
   S'évapore en *fumée*.

———※———

[1] Buffon, *Théorie de la Terre*, page 194.

QUE sont les promesses des grands,
Et les louanges des poètes?
Que sont les honneurs et les rangs,
Les sermens, les projets, les dettes?
Quand les humains vont aux combats,
Quel est l'espoir de chaque armée?
En tout temps, en tous les états,
　　C'est un peu de *fumée*.

———＊———

J'AMASSAI, jadis, un peu d'or,
C'était-là toute ma fortune;
Je déposai tout au trésor,
Bien connu, dans cette *commune:*
Par l'avis de mille avocats,
Pour faire affaire consommée,
On me rembourse, en assignats....
　　Mon or est en *fumée*.

———＊———

Lᴇ chagrin n'est jamais bien long,
Puisque bien courte est notre vie ;
Le monde est un grand tourbillon,
Qu'il faut suivre avec la folie.
D'Aï, qu'on me verse du vin,
Quand j'en bois, mon ame est charmée ;
Tout l'or du monde, jus divin !
    Ne vaut pas ta *fumée.*

———✳———

Lᴀ colère, ainsi que l'amour,
Souvent, s'évapore en *fumée ;*
Du flambeau d'hymen, chaque jour,
La flamme se change en *fumée ;*
Peut-être ce qu'on nomme esprit
N'est qu'une subtile *fumée :*
Pour finir, de ce fol écrit,
    Faites de la *fumée.*

———●———

1.   7

LES CONTRETEMPS, *

CHANSON

adressée en 1797, pendant mon déménagement, à mes Confrères des Dîners du Vaudeville, ne pouvant m'y rendre.

AIR : Jupin dès le matin.

Noté n° 28.

Cent et cent *contretemps,*
Depuis quelque temps,
Me font bouillir le sang :
Chaque instant,
Amène incident,
Qui de but-en-blanc
Renverse tout mon plan.
J'arrange proprement,
En ce moment,
Nouvel appartement

Très-simplement.
Ouvrier et marchand ,
Présentement ,
Veulent gagner, seulement,
Cent pour cent :
Rente et remboursement
Vont lentement ;
Et, comme il est urgent
D'être en argent ,
Dans Paris je revends
Et des graces , et des *contretemps* [1].

———✳———

Le ciel , en me créant ,
Par bonheur très-grand ,
Me fit insouciant ;
Et souvent
On me voit riant ,
Rimant et chantant
Les maux que mon cœur sent.

[1] Terme de danse.

Un *contretemps*, pourtant,
Persécutant,
Je l'avouerai, me rend
Très-mécontent :
Je cherche vainement
Un ton plaisant,
Pour chanson que l'on attend
A l'instant ;
Mais dans mon logement,
En ce moment,
Dix ouvriers frappant,
Et chien japant,
Étonnent mon tympan,
Et par-tout l'on n'entend
Que pan, pan.

Mes camarades, gens
Très-intelligens,
Gais, savans, obligeans,
Apprenez autre *contretemps*,

Qui m'a pris mon temps
Chez mes amis *Bontemps :*
  Ils étaient mariant
  Leur chère enfant ;
Père, mère, parens
  Étaient aux champs ;
J'ai mis les complimens
    Des assistans,
  En couplets galans,
    Charmans
    Et décens :
J'en ai bien fait un cent, deux cents, trois cents ;
  Quoique faits foiblement,
    Ça prend
    Du temps ;
Et j'eus bien peu d'instans
Pour faire ces méchans
  Contretemps.

LES MAUX DE L'UNIVERS,

CHANSON DE TABLE.

———

Air : Vaudeville de Jean Monet.

Noté n° 6.

Sur cette machine ronde,
Combien rare est le plaisir !
Un seul moyen met au monde,
Et cent mille en font sortir :
  Assassin,
  Médecin,
Foudre, guerre, maladie,
Plus d'une aimable folie,
Tout conspire à notre fin. ter.

L'homme mange et boit pour vivre ;
Mais ces somptueux repas,
Où, dans la joie, il s'enivre,
Hâtent souvent son trépas :
  Les hasards
  Des Césars,
Un duel, un incendie,
Ou bien la mer en furie,
Du monde, ôtent les trois quarts. ter.

———✳———

Ne prolongeons pas la liste
Des maux de cet univers ;
Fuyons ce qui nous attriste,
Cherchons cent plaisirs divers :
  Cher ami,
  L'ennemi
Le plus fatal à la vie,
Pire que la maladie,
N'en doutez pas, c'est l'ennui. ter.

———✳———

Ce monde est un pied-à-terre,
Dont l'enseigne est... à l'Espoir;
Bon lit, bon vin, bonne chère,
Chaque passant veut avoir :
En chantant,
En sautant,
L'hôtesse la Jouissance
Avertit, qu'en diligence
On peut partir à l'instant. *ter.*

———✻———

D'après cet avis, confrères,
Ne perdons pas un moment ;
De vin remplissons nos verres,
Jouissons présentement :
L'incertain
Lendemain,
Est souvent une chimère ;
Ne remettons rien à faire,
Aujourd'hui seul est certain. *ter.*

———◆———

LA NUIT BLANCHE, *

ROMANCE.

AIR : Linval aimait Arsenne.

Noté n° 29.

MINEUR.

PASSER une *nuit blanche*,
C'est être sans dormir;
Il n'est point de *nuit blanche*,
Sans peine ou sans plaisir.
Une heureuse *nuit blanche*
Dure bien peu de temps !
Malheureuse *nuit blanche*,
Hélas ! dure cent ans.

MAJEUR.

> POUR dame belle et blanche,
> D'une illustre maison,
> Et qui se nommait *Blanche*,
> Je perdis la raison ;
> N'osant, à cette *Blanche*,
> Confier mes douleurs,
> Quelle longue *nuit blanche*
> Je passai dans les pleurs !

MINEUR.

> COMME une vierge, *Blanche*
> Était mise, toujours ;
> Légère étoffe blanche
> Couvrait ses beaux contours :
> Souple ceinture blanche
> Maintenait ses atours ;
> Sur son sein, rose blanche
> Agaçait les amours.

MAJEUR.

De la céleste *Blanche*,
J'étais, vraiment, épris;
Et je comparais *Blanche*
A la belle Cypris.
Pour rencontrer ma *Blanche*
J'allais, un soir, au bal;
Et j'eus, cette *nuit blanche*,
Un bonheur sans égal.

MINEUR.

En dansant avec *Blanche*,
J'osai serrer sa main,
Et ma divine *Blanche*
Me le rendit soudain.
O charmante main blanche,
Qui, tous mes sens troubla!
Quelle aimable *nuit blanche*,
Je passai ce jour-là!

MAJEUR.

A ma déesse *Blanche*
Je fis constante cour;
Et l'adorable *Blanche*,
Sensible à mon amour,
M'accorda carte blanche
Sur ses divins appas :
Quelle heureuse *nuit blanche*
Je passai dans ses bras!

MINEUR.

Mais, six mois après, *Blanche*
Prit un nouvel amant;
Je passai la *nuit blanche*
Dans le plus grand tourment.
Une heureuse *nuit blanche*
Dure bien peu de temps!
Malheureuse *nuit blanche*,
Hélas! dure cent ans.

LE TEMPS PERDU,

OU

LE COMPTE,

CONTE.

AIR : Si Pauline est dans l'indigence.

Noté n° 3o.

ATTENTION, oyez ce *conte*,
Je le connais dès mon printemps ;
Il fut inventé par un comte [1],   ,
Décédé depuis très-long-temps.
Fort tristement, il le raconte ;
Moi, qui, gaîment, passe mon *temps*,
Je l'ai mis en chanson, et compte
Vous amuser quelques instans. bis.

[1] Le comte d'Oxenstirn.

De ta vie, il me faut un compte,
Me disait, ce matin, le *Temps*.
Je répondis : « un si grand compte,
» Pour être juste, veut du *temps :*
» Mais, sur votre bonté, je compte ;
» Accordez-moi beaucoup de *temps* ».
Vainement, dit-il, l'homme compte,
Par des détours, gagner le *Temps*. bis.

————✳————

Je ne suis pas, selon mon compte,
Encore à moitié de mon *temps ;*
Pourquoi donc exiger un compte,
Quand je dois vivre encor long-temps?
« Sur l'avenir, jamais ne compte »,
Me dit le bon homme le *Temps ;*
« Sois toujours prêt à rendre compte,
» Sans rougir de l'emploi du temps ». bis.

————✳————

Ayant vécu, sans rendre compte,
J'ai souvent négligé le *temps :*
Quel *temps* peut suffire à ce compte ?
Quel compte, pour nombrer ce *temps !*
Pressé du *temps,* pressé du compte,
De bonne foi, je dis au *Temps :*
« De moi, n'attendez aucun compte,
» Car j'ai souvent *perdu* mon *temps* ». bis.

LES PRÉLUDES.

AIR : Je suis né natif de Ferrare.

Noté n° 8.

AVANT de rimer, je prélude ;
Vous savez que c'est l'habitude
De tous les enfans d'Apollon,
Et des amateurs de renom : bis.
Vestris, pour être plus ingambe,
Fait mille tours sur une jambe ;
Garat, en si, ut, la, ut, sol,
Prélude comme un rossignol. bis.

DIEU, de tout la première cause,
Pour faire de rien quelque chose,
Préluda par faire un chaos,
Espèce d'univers en gros : bis.

L'aquilon prélude à l'orage,
Et les querelles au tapage ;
L'aurore prélude aux beaux jours ;
Les baisers aux jeux des amours. bis.

————⋇————

Tout prélude est un badinage ;
En amour, c'est un doux langage ;
Plus de gaîté que de raison,
C'est un prélude de chanson. bis.
Mais trop long prélude vous use,
Adieu l'amour, adieu la muse ;
Il faut de la mesure en tout,
Sans cela, l'on manque son coup. bis.

————————

LE SOIR DE LA VIE,

OU

MES ADIEUX AUX PLAISIRS.

AIR : Vaudeville de la Soirée orageuse.

Noté n° 32.

ADIEU, temps passé, doux printemps,
Où d'amour j'étais idolâtre !
Adieu, pour toujours, doux instans
Qui, jadis, m'ont vu si folâtre :
La raison a glacé mes sens,
Je parle de philosophie ;
Plus je réfléchis, plus je sens
Que j'arrive au soir de la vie.

COMBIEN peu vivent soixante ans !
J'en ai compté plus de quarante :
Que m'importe un reste de temps
Que déjà le chagrin tourmente ?
De vivre encor quelques momens,
Je ne me sens pas grande envie ;
Je n'espère plus d'agrémens,
J'approche du soir de la vie.

—◆※◆—

MAIS, toutefois, soyons prudens,
Ne hâtons pas l'heure dernière ;
Assez tôt, docteurs, accidens,
Termineront notre carrière :
Puisqu'il faut que la loi du sort,
Par tous les êtres soit suivie,
N'allons pas brusquement au port,
Passons par le soir de la vie.

—◆※◆—

L'espoir d'un heureux avenir
N'est pas sans doute un doux mensonge ;
Mais du présent sachons jouir,
Bientôt il ne sera qu'un songe.
Sur le théâtre des humains,
Le mal reste, le bien s'envole !
Il faut obéir aux destins,
Et jusqu'au bout jouer son rôle.

LA GAÎTÉ,

CHANSON DE TABLE.

Air : D'l'instant qu'on nous mit en ménage.

Noté n° 33.

Fille de l'aimable folie,
Gaîté, viens dicter ma chanson ;
Et par une heureuse saillie,
Fais répéter à l'unisson :
La gaîté bis. fait le bien suprême ;
Sans elle, il n'est point de bonheur;
Français, soyons toujours de même,
Conservons notre belle humeur.

Sans gaîté, que serait la vie?
Sans gaîté, que serait l'amour?
Tristement, à sa belle amie,
Oseroit-on faire la cour?
La gaîté bis. fait le bien suprême;
Sans elle, il n'est point de bonheur;
Français, soyons toujours de même,
Conservons notre belle humeur.

———✳———

Ce n'est point notre numéraire,
Nos lois, nos arts et nos palais;
C'est notre joyeux caractère
Qui rend jaloux tous les Anglais.
La gaîté, &c.

———✳———

Pour être heureux sur cette terre,
Il ne faut, selon mon avis,
Qu'un peu plus que le nécessaire,
Une belle et quelques amis.
La gaîté, &c.

———✳———

DIRE à propos une folie,
A propos placer un bon mot,
C'est la bonne philosophie :
Trop de raison.... est-ce un bon lot?
La gaîté, &c.

—————✳—————

HENRI, ce roi cher à la France,
Qui si vaillamment combattait,
Aimait Gabrielle et la danse,
Faisait des vers et les chantait.
La gaîté bis. fait le bien suprême;
Sans elle, il n'est point de bonheur;
Français, soyons toujours de même,
Conservons notre belle humeur.

LE TOUR,

OU

NOUVEAU SYSTÊME DU MONDE,

PAR UN NOUVEAU FOU.

Ce fut à la campagne, pendant une belle soirée d'été, que, causant avec des dames sur *les Mondes* de Fontenelle, et examinant ces astres qui passent sur nos têtes et font tous les jours le tour de la terre, une jeune personne me *défia* de faire une chanson gaie sur ce sujet, dont le titre serait *tour*. J'acceptai, à condition que je commencerais par le second couplet ; car n'étant pas de force à faire rien de rien, mon commencement devait être *rien*.

AIR : Servantes, quittez vos paniers.

Noté n° 34.

1er COUPLET.

RIEN.........

2ᵉ COUPLET.

ALORS l'Éternel, sur son *tour*,
  Arrondit la matière ;
La lance, et lui dit : « Tourne autour
  » Du globe de lumière :
» Saturne, avec ton alentour,
» Du monde fais le plus grand *tour*;
» Et toi, lune, un très-petit *tour*
  » Tout autour de la terre.

———✳———

» MERCURE, en trois mois, tourne autour
  » De cette flamme ardente ;
» Vénus, prends sept mois pour ton *tour*,
  » Et sois toujours brillante :
» Mars, en deux ans fera son *tour*;
» Jupin, ta marche, pour ton *tour*,
» Avec tes lunes en pourtour,
  » Sera six fois plus lente.

———✳———

» Terre, ne fais qu'un moyen *tour*,
  » Trop près n'est point ta place ;
» Si tu faisais un plus grand *tour*,
  » Tu ne serais que glace :
» Pour marquer par an nuits et jours,
» Fais trois cent soixante et cinq *tours;*
» Pars, et dès l'instant, pour toujours,
  » Va tourner dans l'espace.

———❋———

» Vous, pluie et beau temps, tour à *tour*,
  » Parcourez chaque zone,
» Été, printemps, auront leur *tour*,
  » Ainsi qu'hiver, automne ;
» Et sur ce monde, fait au *tour*,
» Des milliers d'*humains*, tour à *tour*,
» N'y feront qu'un très-petit *tour;*
  » Destin, je te l'ordonne.

———❋———

» Êtres, aimez-vous tour à *tour;*
  » Nature, sois féconde :
» Belles, soyez faites au *tour,*
  » J'aime la forme ronde :
» Naissez, agréables contours,
» Ornez-vous de quelques atours;
» Amour, fais mille et mille *tours*
  » Pour enivrer le monde.

———✳———

» Enfin, dit-il, j'ai sur mon *tour*
  » Fait de rien quelque chose ;
» Nature, agis seule à ton *tour,*
  » Pour moi, je me repose :
» Fais et défais tout tour à *tour;*
» De tout je vais faire le *tour;*
» Je pourrai bien, à mon retour,
  » Détruire tout, pour cause ».

———⬤———

LE CHANSONNIER DES RUES,

POT-POURRI.

PREMIERE CHANSON.

LA MATINALE.

AIR : Eh ! gai , gai , gai , mon officier.
Noté n° 35.

Eh ! zon, zon, zon, mon violon,
Prélude à ta manière !
Eh ! zon , zon , zon , mon violon ,
Annonce ma chanson.

———✳———

Le Dieu de la lumière ,
Paraît à l'horizon ;
Commence ta carrière ,
Et donne-nous du son.
Eh ! zon , zon , zon , &c.

———✳———

Vois-tu les ménagères,
Courir chez le boucher?
Ouvriers, couturières,
Il faut tout raccrocher.
Eh! zon, zon, zon, &c.

———✳———

Courons la capitale,
Et chantons des airs gais;
Commençons par la halle,
Finissons par les quais.
Eh! zon, zon, zon, &c.

———✳———

Allons, mes amis de la pointe Eustache [1], v'là du nouveau; vous en aurez pour un sol tout vot' saoul : grimpons sur not' chaise pour être à not' aise. A son chien. Pst, pst; ici! haut-là, couche-là, Médor; dors.

———

[1] Cette chanson fut composée dans le temps de la terreur : alors il était défendu de prononcer le mot de *saint*.

SECONDE CHANSON.

L'ENCOURAGEANTE.

AIR : Pour une fois ce n'est pas la peine.

Noté nᵒ 36.

VIGILANTES citoyennes,
Laborieux citoyens,
Bons humains, bonnes humaines,
Qui fait' vivr' les Parisiens !
Tous les jours de la semaine,
Pour fournir à vos besoins ;
Travaillez fort, prenez d'la peine,
C'est là le fonds qui manq' le moins.

———✳———

SUR cette machine ronde,
Où le mal seul est certain,
Quand Dieu mit, à tout le monde,
Juste au bout du bras la main ;

Il dit : « Toute la semaine ,
 » Pour fournir à vos besoins ;
 » Travaillez fort , prenez d'la peine ,
 » C'est là le fonds qui manq' le moins.

———✳———

Postillon , va , cours la poste ;
Commis , reste à ton bureau ;
Spadassin , pare et riposte ;
Forgeron , prends ton marteau.
Tous les jours de la semaine ,
Pour fournir, &c.

———✳———

Marche en avant , militaire ,
Tue , ou bien fais-toi tuer ;
Sur les mers , brave corsaire ,
Tâche de t'évertuer.
Tous les jours de la semaine ,
Pour fournir , &c.

———✳———

LABOUREURS, à vos charrues,
Mettez-vous avant le jour ;
Et moi, *chansonnier des rues*,
Chantons la guerre et l'amour.
Tous les jours de la semaine,
Pour fournir à nos besoins,
Travaillons fort, prenons d'la peine,
C'est là le fonds qui manq' le moins.

———※———

AIR : Eh ! gai, gai, gai, mon officier.
Noté n° 35.

EH ! zon, zon, zon mon violon,
Voilà midi qui sonne ;
Eh ! zon, zon, zon, mon violon,
Allons vîte au Perron [1].

———※———

[1] Entrée du Palais Royal du côté de la rue Vivienne.

Nous v'là z'au noyau de Paris, à chacun son genre ; accourez, nymphes et mirliflors, v'là vos portraits divers, en vers. Citoyens, celle-ci est *la Sans-géne*, ou *Grace à la mode*, chanson nouvelle, sur un air ancien.

AIR : de la Bourbonnaise.

Noté n° 37.

GRACE à la mode, ⎱ bis : pour le chœur du
On n'a plus d' cheveux ; ⎰ peuple qui l'entoure.
On n'a plus d' cheveux,
   Ah ! qu' c'est commode !
On n'a plus d' cheveux,
   On dit qu' c'est mieux.

———✳———

GRACE à la mode,
  On va sans façon ; ⎱ bis.
On va sans façon,
Ah ! qu' c'est commode !
  On va sans façon,
   Et sans jupon.

———✳———

I.   9

Grace à la mode,} bis.
On n'a plus d' fichu; }

On n'a plus d' fichu,
Ah! qu' c'est commode!
On n'a plus d' fichu,
Tout est déchu.

———✳———

Grace à la mode,
Plus d' poche au vêt'ment; } bis

Plus d' poche au vêt'ment,
Ah! qu' c'est commode!
Plus d' poche au vêt'ment
Et plus d'argent.

———✳———

Grace à la mode,} bis.
On n'a plus d' corset; }

On n'a plus d' corset,

Ah ! qu' c'est commode !
On n'a plus d' corset,
   C'est plutôt fait.

———✳———

   GRACE à la mode, ⎫ bis.
Un' chemis' suffit, ⎰
Un' chemis' suffit ;
  Ah ! qu' c'est commode !
Un' chemis' suffit,
   C'est tout profit.

———✳———

   GRACE à la mode, ⎫ bis.
On n'a qu'un vêt'ment, ⎰
On n'a qu'un vêt'ment ;
  Ah ! qu' c'est commode !
On n'a qu'un vêt'ment,
   Qu'est transparent.

———✳———

GRACE à la mode,{ bis.
On n'a rien d'caché ; }

On n'a rien d'caché,

Ah ! qu' c'est commode !

On n'a rien d'caché,

J'en suis fâché.

Citoyens, vu l'habitude que j'ai de me rafraîchir, j'vais vous quitter ; mais si vous voulez venir ce soir à l'arcade *Jean*, je vous chanterai des cantiques nouveaux sur *Marc*, *Roch* et *Luc*, et puis les plaisirs de *Cloud*, pastorale. Psit, psit, Médor ! allons, partons.

Fait en l'an VI, époque des coiffures à la Titus et des vêtemens transparens.

L'INATTENDUE,

A MADAME D.. D...

CHANSON DE FÊTE

pour sa petite-fille venue au monde à sept mois :
quelques jours avant la fête de sa grand'mère.

AIR : Ce fut par la faute du sort.
Noté n° 38.
Ou Femmes, voulez-vous éprouver ?
Noté n° 69.

Sans être attendue, un matin,
Je vins sur la machine ronde ;
Je t'ai causé bien du chagrin,
Et j'ai fait peur à bien du monde :
Bonne maman, pardonne-moi,
D'avoir fait un tel coup de tête ;
Car je ne l'ai fait que pour toi,
Je voulais célébrer ta fête. bis.

Un peu plutôt, un peu plus tard,
Dans ce monde chacun arrive ;
Cela ne tient pas au hasard,
C'est selon comme l'ame est vive :
J'étais encor dans le néant,
Que, déjà, songeant à te plaire,
Je vins au monde brusquement,
Desirant fêter ma grand'mère. bis.

⸺✳⸺

Mais cette avance de deux mois
Me mit de deux mois en arrière ;
Et lorsque j'aurai douze mois,
Je n'aurai pas l'année entière ;
Car étant venue à sept mois,
Ma naissance est irrégulière :
Or, de bon compte, je redois
Deux mois au ventre de ma mère. bis.

⸺✳⸺

L'usage en ce monde est, dit-on,
De bien boire à ceux que l'on aime :
Parens, prenez votre flacon,
Et moi, je vais faire de même :
En tout je veux vous imiter ;
Ensemble videz votre verre ;
Pendant ce temps, je vais téter
A la santé de ma grand'mère. *bis.*

CE QU'IL NE FAUT PAS DIRE,

A MADELEINE G***.

AIR : Où est le temps et la saison.

Noté n° 39.

Du bas en haut, du haut en bas,
Madeleine est charmante ;
Ses jolis pieds, ses jolis bras,
En elle tout enchante :
     Voyez ses yeux
     Voluptueux,
Et son charmant sourire ;
     L'ensemble est parfait,
     Et son regard fait....
Ce qu'il ne faut pas dire.

VOYEZ-LA jusqu'au bout des doigts ,
  C'est une miniature ;
Jolis contours , piquant minois ,
  Séduisante tournure :
    Quels mouvemens
    Pleins d'agrémens !
  A chacun elle inspire
    Un desir ardent ;
    Malgré soi l'on sent.....
  Ce qu'il ne faut pas dire.

———•❋•———

VOYEZ-LA chercher de l'esprit ;
  Voyez-la dans *Ninette ;*
Comme Lubin , chacun se dit :
  « Oh ! la charmante Annette » !
    Par son talent ,
    Son jeu brillant ,
  Tout le monde l'admire ,
    Et pense aussi-tôt
    A chose qu'il faut.....
  Oui , *qu'il ne faut pas dire.*

PATIENCE. *

AIR : Vaudeville du Mariage de Figaro.
Noté n° 40.

FAIRE œuvre de *Patience*
Est aujourd'hui mon emploi ;
Mes amis, en conscience,
Je suis peu content de moi :
Auriez-vous la *patience*,
Possédant esprit et goût,
De m'entendre jusqu'au bout ? bis.

GRANDS dieux ! que de *patience*
Il faut pour faire un seul vers !
Que l'esprit fait de dépense,
Pour le faire de travers !
On prend de l'impatience,
On fait, défait et refait....
Et le vers est imparfait. bis.

Un métier de *patience*
Est celui d'un pauvre auteur ;
Que d'humeur ! que d'arrogance
Il trouve dans chaque acteur !
Avec quelle impatience
Il attend le fatal jour ;
Pour culbuter à son tour. bis

———•✳•———

Patience, *patience* !
Voici mon dernier couplet ;
Je sais par expérience,
Que longue chanson déplaît ;
Et je bous d'impatience
De finir.... Adieu ; c'est tout,
Ma *patience* est à bout. bis.

———•———

A DEMAIN,*

O U

LE PHILOSOPHE EN GAITÉ,

RONDE.

AIR : de la Boulangère.

Noté n° 41.

DE rire je me sens en train,
  Rien n'est plus salutaire ;
Pour vivre long-temps, sans chagrin.
  C'est chose nécessaire ;
Dansons en rond, donnez la main,
  Remettons toute affaire
    A demain ;
  Remettons toute affaire.

Un philosophe, très-badin,
  Aimant sa ménagère,
Lui chantait, un jour, ce refrain :
  « Embrasse-moi, bergère ;
» La vie est un bien court chemin ;
  » Remets toute autre affaire
    » *A demain ;*
  » Remets toute autre affaire ».

La gouvernante, à l'œil malin,
  A la taille légère,
Dit : « Monsieur me paraît enclin
  » A *promptement* mal faire ;
» Je n'aime pas ainsi soudain,
  » J'ai mon ménage à faire :
    » *A demain !*
  » J'ai mon ménage à faire ».

LE PHILOSOPHE.

J'AIME les femmes et le vin,
Le jeu, la bonne-chère :
Je rends grace à l'être divin
Qui te forma, ma chère ;
De t'épouser je suis en train ;
Remets toute autre affaire
A demain;
Remets toute autre affaire.

LA MÉNAGÈRE.

MONSIEUR, est-ce le dieu du vin,
Ou celui de Cythère,
Qui vous a, de si grand matin,
Changé le caractère ?
D'honneur, votre esprit n'est pas sain :
Remettons cette affaire
A demain;
Remettons cette affaire.

LE PHILOSOPHE.

Le hasard, qu'on nomme *Destin*,
Et qui m'a mis sur terre,
Peut m'en ôter, avant demain ;
Ne fais pas la sévère :
Sois mon épouse, prends ma main ;
Remets toute autre affaire
A demain ;
Remets toute autre affaire.

LA MÉNAGÈRE.

« Vous avez de méchans desseins »,
Répond la ménagère,
« Hélas!... mais... non... oui... si... je crains...
« Allons chez un notaire ».
Le philosophe, moins en train,
Dit : « Remettons l'affaire
» *A demain* » ;
Dit : « Remettons l'affaire ».

MORALE.

PETIT être qu'on nomme *humain*,
Et qui rôde sur terre,
Quand tu trouves dans ton chemin
Chose agréable à faire;
Le présent seul étant certain,
Ne remets point l'affaire
A demain;
Ne remets point l'affaire.

LES VOYAGES. *

AIR : Ah ! que je sens d'impatience !
Noté n° 42.

Je fus, à peine, dans ce monde,
Que, desirant connaître tout,
Je parcourus la terre et l'onde;
Avec le temps, je fus par-tout :
   J'ai vu toute l'Afrique,
   L'Europe, l'Amérique,
   Et l'Asie, et les mers
     De l'univers.
Combien de fois j'ai fait naufrage !
Et combien de fois j'ai versé !
   Dans un grand fossé,
   J'eus le bras cassé,
   Le corps tout froissé,
   Le genou brisé :
Versé ! cassé ! froissé ! brisé !

Cela me fait encore mal, quand j'y pense.

Voyage, voyage,
Désormais, qui voudra !
Jamais, cette rage,
Jamais, ne me prendra. bis.

———*———

Hormis les mœurs et les usages,
Et les vêtemens différens,
Les blancs, les bruns, les noirs visages,
Les hommes sont tous ressemblans.
Sots, entêtés, ignares,
Dupes, fripons, avares ;
Rarement en voit-on,
Sur mille, un bon :
Le plus insensé se croit sage,
Et le plus sage n'est qu'un fou :
Allez à Moscou,
Allez au Pérou,
Par-tout l'homme est fou ;
Oui fou, oui fou, bien fou, très-fou.

Et moi, qui vous parle, j'en ai ma dose. Ma foi, pour
ne rien trouver de mieux, autant rester chez soi.

Voyage, voyage,
Désormais, qui voudra !
Jamais, cette rage,
Jamais, ne me prendra. bis.

————— ·❊· —————

Comme un chat court après son ombre,
L'avare poursuit le bonheur ;
Il arrive au royaume sombre,
N'ayant connu que peine et peur :
Il court du pôle arctique,
Jusqu'au pôle antarctique,
Et brave les frimas,
Et les climats ;
Dans le pays le plus sauvage,
Afin d'augmenter son trésor,
Il cherche de l'or,
Amasse de l'or,
Entasse de l'or.
Encor, encor, encor, encor

Et puis les vents, la foudre, la mer; tout est en-
glouti : bon soir la compagnie.

Voyage, voyage,
Sur les mers, qui voudra!
Jamais, cette rage,
Jamais, ne me prendra. bis.

—➤✶◄—

Voir tous les jours nouveaux visages,
Ne jamais coucher dans son lit;
Braver les volcans, les orages,
Courir le monde, jour et nuit.
Quelle triste existence!
La pauvre jouissance,
D'être, soir et matin,
Sur un chemin!
Autre pays, autre langage,
Où, très-souvent, on n'entend rien :
L'un parle Prussien,
L'autre Italien,

Celui-là Phrygien,
Celui-ci Russien :
Indien, Syrien, Lydien, Lycien.

Que de manières de mentir !

Voyage, voyage,
Sur terre, qui voudra !
Jamais, cette rage,
Jamais, ne me prendra. bis.

———✳———

Sur un cheval, [1] vers les nuages,
Volez, ainsi qu'un cerf volant ;
Ces vains et périlleux voyages,
Prouvent folie et non talent :
Suivez, dans l'atmosphère,
La route du tonnerre ;

[1] Lorsque je fis cette chanson, M. Tétu, écuyer, s'éleva des jardins de Bellevue, par le moyen d'un ballon, fort au-dessus des nuages ; étant monté sur un cheval vivant suspendu par des filets.

Moi, je reste à Paris,

Et je me ris

Du stérile et triste avantage,

De faire un peu parler de soi;

Tranquille, chez moi,

Je vis sans effroi,

Je demeure coi;

Je ris, je boi, je ris, je boi.

Non pas seul;... mais avec mes amis.

Voyage, voyage,

Dans les airs, qui voudra!

Jamais, cette rage,

Jamais, ne me prendra. bis.

—————*—————

La vie est bien courte, sans doute;

Que rapide, ou non, soit son cours,

Etourdissons-nous, sur la route,

Avec Bacchus et les Amours.

Voyages à Cythère,
Sont les seuls qu'il faut faire;
Ils durent peu de temps :
Mais sont charmans!
Là, je ne crains point le naufrage,
Et je me moque des revers;
Esprits de travers,
Courez l'univers,
Et bravez les mers :
Les mers, les airs; les mers, les airs.

Adieu, portez-vous bien : c'est ce que je vous souhaite.

Voyage, voyage,
Désormais, qui voudra!
Jamais, cette rage,
Jamais, ne me prendra. bis.

EMPLOI DE LA VIE HUMAINE,

OU

LE QUART - D'HEURE DE BON TEMPS.

AIR : *Que ne suis-je la fougère !*

Noté n° 43.

Ou la nuit quand j'pense à Jeannette.

Noté n° 44.

L'HOMME dont la vie entière
Est de quatre-vingt-seize ans,
Dort le tiers de sa carrière ;
C'est juste trente-deux ans.   32 ans.
Ajoutons pour maladie,
Procès, voyage, accidens,
Au moins un quart de la vie ;
C'est encor deux fois douze ans.   24
            —
            56

Ci-contre...................... 56 ans.

Par jour deux heures d'études,
Ou de travaux, font huit ans ;   8
Noirs chagrins, inquiétudes,
Pour le double, font seize ans ;   16
Pour affaire qu'on projette,
Demi-heure encor, deux ans ;   2
Cinq quarts-d'heure de toilette,
Barbe, *et cœtera*, cinq ans.   5

——— ⁂ ———

Par jour, pour manger et boire,
Deux heures font bien huit ans.   8
Cela porte le mémoire,
Juste à quatre-vingt-quinze ans :   95 ans.
Reste encore un an, pour faire
Ce qu'oiseaux font au printemps.
Par jour, l'homme a donc sur terre,
Un quart-d'heure de bon temps ?

QUESTIONS

A

UN REVENANT DE L'AUTRE MONDE [1].

VISION.

AIR : de la Tourrière.
Noté n° 45.

L'AUTRE monde est-il bien grand?
Y fait-on grand étalage?
S'y querelle-t-on souvent?
De s'aimer fait-on semblant?

Les procureurs, les sergens
Y font-ils du gribouillage?
A-t-on des besoins urgens?
Y trompe-t-on bien des gens?

[1] Extrait de *Christophe et Pierre Luc*, parodie de *Castor et Pollux*, donnée à Trianon en 1780, par l'auteur de cet œuvre.

Que font là-bas les gourmands?
De manger est-ce l'usage?
Fait-on de faux jugemens?
S'y bat-on à tous momens?

Y ment-on impunément?
De jouer a-t-on la rage?
A-t-on beaucoup d'agrément,
Si l'on n'y voit ni ne sent?

———✳———

A-t-on des desirs pressans?
Quand on est mort, est-on sage?
Y voit-on des courtisans?
Les morts sont-ils médisans?

Est-on toujours mécontent,
Lorsque l'on est en ménage?
Agit-on pour de l'argent?
Un mort est-il intrigant?

———✳———

Les Hébreux, les Allemands
Ont-ils le même langage?
Pleut-il, ou fait-il beau temps?
Voit-on croître les enfans?

Y fait-on de faux sermens,
Avec un riant visage?
Trouve-t-on de temps en temps
Sous les roses des serpens?

———✳———

Se sert-on de ses cinq sens
Là-bas, au sombre rivage?
Et pendant des milliers d'ans
A quoi passe-t-on son temps?

———✳———

REPONSE DU REVENANT.

AIR : de la Baronne.

Noté n° 23.

Ou Bouton de rose.

Noté n° 90.

C'EST un mystère,
Je ne puis vous en dire plus ;
Car j'ai fait serment de me taire ;
Ne demandez rien là-dessus ,
C'est un mystère.

~~~~~~

J' M'EN MOQUE,

OU

LA MODERNE PHILOSOPHIE,

DIALOGUE ENTRE UN SAGE ET UN FOU.

AIR : Nous nous marîrons dimanche.

Noté n° 46.

LE SAGE.

Tu suis ton desir,
Pour chaque plaisir;
Crains le repentir.

LE FOU.

J' m'en moque.

LE SAGE.

Tu flattes toujours
Le dieu des amours;
Prends garde à ses tours.
~~~~~~

LE FOU.

J' m'en moque.

LE SAGE.

Avec le vin ,
Prompte est la fin.

LE FOU.

J' m'en moque.

LE SAGE.

Bonheur au jeu ,
Dure bien peu.

LE FOU.

J' m'en moque.

LE SAGE.

Dans ton court chemin ,
Malheureux humain ,
Pense au lendemain.

LE FOU.

J' m'en moque.

LE SAGE.

Tu ris des auteurs
Et des orateurs ;
Mais crains leurs clameurs.

LE FOU.

J'm'en moque.

LE SAGE.

Sans penser à rien,
En épicurien,
Tu manges ton bien.

LE FOU.

J'm'en moque.

LE SAGE.

Tout doit finir :
Crains l'avenir.

LE FOU.

J'm'en moque.

LE SAGE.

Foible esprit fort,
Viendra la mort !

LE FOU.

J' m'en moque.

LE SAGE.

Quoi ! tout t'est égal ?
Quel destin fat al !
Tu finiras mal.

LE FOU.

J' m'en moque.

———◆———

ÉNIGME. *

AVANT-PROPOS.

AIR : *Toujours seule, disait Nina.*

Noté n° 47.

MUSE, pour rimer aujourd'hui,
Suis-je assez réjoui?
— Oui.
— Et, du sujet de ma chanson,
Faut-il dire le nom?
— Non.
— Trait pour trait,
Faisant mon portrait,
Crois-tu qu'on me reconnaîtrait?
Muse, aide-moi;
J'espère en toi.
Que faut-il en ces couplets?
— Plais.

AIR : Du ballet des Pierrots.
Noté n° 48.

Du fol amour je suis le père ;
Souvent, mon fils ne vit qu'un jour ;
Le bizarre est sûr de me plaire,
Je suis triste et gai tour-à-tour :
Par moi, la petite-maîtresse
Desire, promet, se dédit ;
Et l'on appelle *gentillesse*
Le désordre de son esprit.

———◆※◆———

Destin, hasard, amour, fortune,
N'agissent jamais que par moi ;
Et je prends, c'est chose commune,
De l'humeur, sans savoir pourquoi :
Ma colère est une bourasque,
Je ris, aux éclats, dans l'instant ;
Familier, fier, fougueux, fantasque,
Je suis léger comme le vent.

———◆※◆———

Le matin, j'invente une mode,
Et je la vieillis dès le soir;
Je ne suis ni loi, ni méthode,
Je ne connais que mon vouloir :
De l'Inconstance, j'ai les ailes,
Et de l'Amour, j'ai le bandeau;
Ah ! combien j'ai trompé de belles,
Pour un minois laid, mais nouveau !

———✳———

Aux arts, j'ai donné le gothique,
Les arabesques, les calots;
Au théâtre, le bas-comique;
A Momus, marote et grelots :
A la musique, les roulades;
A la danse, mines et sauts;
A l'esprit, énigmes, charades,
Calembours, pointes et bons mots.

———✳———

Il me prend une fantaisie,
C'est de finir là mon portrait;
Ah!... je me sens une autre envie;
Plaçons mon nom à ce couplet:
Rendre mes traits, n'est pas facile;
Il faut plus habile pinceau;
C'est pourquoi mon nom est utile,
En acrostiche, à ce tableau [1].

---

[1] *Caprice*, était le mot que le sort avait donné à l'auteur, et par caprice il en fit une énigme.

MES AMIS, IL N'EST POINT D'AMIS,

OU

LA VÉRITÉ DANS LE VIN,

CHANSON DE TABLE.

AIR : Guillot un jour trouva Lisette.

Noté n° 49.

METTONS les coudes sur la table,
Causons comme de vrais amis ;
Buvons de ce jus délectable,
Disons-nous sans fard notre avis :
Permettez-vous que je commence ? bis.
Vous allez être fort surpris ;
Voici vraiment ce que je pense ;
Mes amis, il n'est point d'amis. bis.

QUAND je pense au grand Alexandre;

Quand je songe au petit Pâris;

A mille autres qui sont en cendre,

Qui tous ont trompé leurs amis;

Quand je lis ce qui se complote bis.

Et ce que font grands et petits;

Je répète avec Aristote [1];

« *Mes amis, il n'est point d'amis* ». bis.

———※———

LES Orestes et les Pilades

Ne sont que de fabuleux noms;

L'écolier a des camarades;

L'ouvrier a des compagnons:

Le hasard fait mille alliances; bis.

On se quitte comme on s'est pris;

On a beaucoup de connoissances:

Mes amis, on n'a point d'amis. bis.

———※———

[1] Ce mot était très-familier à Aristote: *O mes amys !
il n'y a nuls amys !*   MONTAIGNE, livre premier, chap. 27.

Billet d'amitié vous invite,
Bon dîner, bon vin et bon feu ;
On se rassemble, on dîne vîte,
Bientôt l'espoir vous met au jeu :
Dupe, fripon, prodigue, avare, bis,
Chacun étale ses louis ;
De tous, la soif du gain s'empare :
Mes amis, il n'est point d'amis. bis.

* * *

Les riches, pour la moindre affaire,
Sont toujours à jouer au fin ;
Par amour-propre, un militaire,
De son ami perce le sein ;
De son protecteur, le poète bis.
Nous dit du mal dans ses écrits :
Qu'est-ce qu'un héritier souhaite ?...
Mes amis, il n'est point d'amis. bis.

* * *

Crains tes amis, crains ta maîtresse,
Crains tes valets, pauvre garçon ;
Es-tu marié ? crains sans cesse
Le bon ami de ta maison :
L'hymen a si souvent des ailes ! bis.
Combien de maris sont marris
D'avoir amis et femmes belles !
Mes amis, il n'est point d'amis. bis.

J'avais une aimable voisine,
Femme d'un excellent voisin ;
J'étais jeune, elle était divine !
Nous voisinions soir et matin :
J'eus bien des torts, je le confesse ; bis.
Je ne suis pas seul à Paris :
Des humains quelle est la faiblesse !...
Mes amis, il n'est point d'amis. bis.

J'en ai cherché dans mon jeune àge;
J'en ai cru voir dans mon été;
Et dans mon automne, l'usage
M'en a prouvé la rareté :
N'en trouvant pas un seul en mille, bis.
Hors ceux qui sont dans ce logis,
Et plusieurs que j'ai dans la ville :
Mes amis, il n'est point d'amis. bis.

JE NE SAIS QUOI. ⋆

AIR : Du haut en bas.
Noté n° 5o.

JE ne sais quoi,
Fait que je parle et que je pense ;
Je ne sais quoi,
Me dit : « A l'ouvrage mets-toi ;
» Arrange des mots en cadence,
» Pour chansonner, avec aisance,
» *Je ne sais quoi* ».

———✳———

JE ne sais quoi,
Fait mouvoir ce qu'on nomme monde ;
Je ne sais quoi,
D'attraction, cause la loi :
Qui fait, sur la machine ronde,
Le flux et le reflux de l'onde ?
Je ne sais quoi.

———✳———

Je ne sais quoi,
Fait qu'en la terre le blé germe ;
Je ne sais quoi,
Le fait croître plus haut que moi ;
Qui fait qu'au mois d'août,(c'est le terme),
Quinze ou vingt grains l'épi renferme ?
Je ne sais quoi.

———※———

Je ne sais quoi,
De l'esprit, est la quintessence ;
Je ne sais quoi,
Fait que je doute ou que je croi :
Qui mit, en nous, l'intelligence ;
Ou la mémoire, ou la démence ?
Je ne sais quoi.

———※———

Je ne sais quoi,
Fait que je dors, ou que je veille ;
Je ne sais quoi,

Fait que j'entends et que je voi :
Et quelle étonnante merveille
Me fait rêver, quand je sommeille ?
Je ne sais quoi.

———

JE ne sais quoi,
J'étais une heure avant de naître :
Je ne sais quoi,
A moi, dans moi, donne la loi.
Un jour, il faudra disparaître ;
Alors, que deviendra mon être ?
Je ne sais quoi.

N. B. *Je ne sais quoi,* présente deux idées différentes. 1°. *Je ne sais quoi,* c'est-à-dire, j'ignore. 2°. Le *je ne sais quoi* rappelle, d'une manière vague, mais pourtant sensible, quelque chose de plus que le *goût,* les *graces,* &c. C'est pourquoi j'ai fait deux chansons sur ce sujet.

L'AIMABLE JE NE SAIS QUOI.

AIR : Vaudeville du Petit Matelot.

Noté n° 52.

Ou Quand l'Amour naquit à Cythère.

Noté n° 51.

JE rêvais, un jour, qu'à Cythère,
Le *dieu du goût* donnait un thé [1];
Il voulait fêter l'art de plaire ;
Qu'il chérit plus que la beauté : bis.
Il dit : « Ceux qui voudront des places
» Montreront, pour entrer chez moi,
» Du goût, de l'esprit, ou des graces,
» Le séduisant *je ne sais quoi* ». bis.

[1] La mode de donner du thé en place de souper, commençait ; et sous ce nom, l'on donnait des fêtes très-brillantes.

N'osant pénétrer dans le temple,
A la porte, je cherche un coin ;
En amateur, là, je contemple
Toutes les nymphes, avec soin : bis.
Minois charmans, tailles divines,
Que d'aimables choses je voi !
Des pieds mignons, des jambes fines,
M'inspirent le *je ne sais quoi.* bis.

L'amour, volant à tire-d'aile,
Entre, comme un trait, dans ces lieux ;
Et, voltigeant sur chaque belle,
Met *je ne sais quoi,* dans leurs yeux. bis.
Ces doux regards, pleins de tendresse,
Font que chacun sent naître, en soi,
Besoin de plaire, ardeur, ivresse,
Feu, flamme, amour, *je ne sais quoi.* bis.

En avançant un peu la tête,
J'apperçois, au fond du palais,
Le *bon ton* diriger la fête,
Et Flore, y donner des bouquets. bis.
Là, sous un élégant portique,
Le Brun, ton pinceau s'offre à moi[1] :
Ta main a, dans son art magique,
D'Albane, le *je ne sais quoi*. bis.

En vis monter, au péristile,
Bernis, Ovide, Anacréon,
Delille, et son ami Virgile,
Bouflers, Panard, Chaulieu, Piron : bis.
Le *bon goût*, les voyant paraître,
Leur dit : « Amis, entrez chez moi ;
» Vos vers charmans ont fait connaître
» De l'esprit le *je ne sais quoi* ». bis.

[1] La célèbre madame Le Brun.

Des gens de science profonde,
Tristes savans, graves esprits,
Veulent entrer dans la rotonde;
Le dieu leur dit : « Tous vos écrits bis.
» Sont beaux et grands; je les admire :
» Mais je ne laisse entrer chez moi,
» Pour charmer, toucher et séduire,
» Que l'attrayant *je ne sais quoi* ». bis.

Tandis qu'à la porte, on dispute,
Bruyante musique on entend;
Elle arrive, pousse, culbute,
Le *dieu du goût* dit : « Un instant ! bis.
» Une trop savante harmonie
» Ne convient pas ici, je croi;
» Laissez passer la mélodie,
» Et son charmant *je ne sais quoi* ». bis.

D'ACTEURS aimés vient une file,
C'est MOLIÈRE qui les conduit;
Le *dieu du goût*, voyant PRÉVILLE,
En lui serrant la main, lui dit : bis.
« Imitateur inimitable,
» Quel plaisir j'ai, quand je vous voi !
» Vous avez, du talent aimable,
» Trouvé le vrai *je ne sais quoi* ». bis.

———————

VESTRIS, bondissant en cadence,
Presque aussi léger que le vent,
Arrive, tourne, étonne... danse;
Le *Goût* lui dit : « Danseur charmant, bis.
» Ce ne sont pas les pirouettes
» Qui donnent droit d'entrer chez moi;
» Ce sont vos graces si parfaites,
» Et ce brillant *je ne sais quoi* ». bis.

———————

Entre l'Amour et la Folie,
J'apperçois un objet charmant;
Je reconnais mon *Aspasie,*
Le plaisir m'éveille à l'instant. bis.
Que n'a-t-il duré, ce mensonge!
J'éprouvais un si doux émoi,
Que j'aurais vu, peut-être, en songe,
Oui, j'aurais vu... *je ne sais quoi.* bis.

LES CONTRASTES,

A MA SŒUR SAINTE-ÉLÉONORE,

alors religieuse au couvent de l'Adoration perpétuelle
du Saint-Sacrement, rue Cassette à Paris.

AIR : de la Croisée.

Noté n° 16.

Sur terre il n'est qu'heur et malheur,
Et tout dépend des circonstances ;
Quoique nous soyons frère et sœur,
Entre nous que de différences !
Nos parens, très-soigneusement,
Nous ont élevés tout de même :
Vous êtes leur premier enfant,
Je suis le quatorzième. bis.

Vous ne chantez qu'*alléluia*,
Ou bien d'autres saintes paroles,
Et moi, danseur de l'Opéra,
Je ne fais que des cabrioles :
Vous étouffez tous vos desirs ;
Nuit et jour, je ris, je badine ;
Je me donne tous les plaisirs ;
   Et vous la discipline. bis.

Vous faites maigre ; je fais gras,
Et j'évite la moindre peine ;
Vous avez caché vos appas
Sous une chemise de laine ;
Je m'occupe des biens présens ;
Et vous de la vie éternelle ;
Mes traits sont fanés par les ans ;
   Vous êtes fraîche et belle. bis.

A Dieu vous parlez en latin,
Sans y comprendre une parole;
Moi, de *Pétrone*, il est certain
Que j'entends chaque image folle :
Sans commettre la moindre erreur,
Vous allez souvent à confesse :
Moi, j'y vais rarement, ma sœur,
    Et je pèche sans cesse! bis.

———⁕———

Ma sœur, vous chérissez les saints;
Des belles je suis idolâtre;
Vous habitez les lieux divins;
Moi, je suis toujours au théâtre:
La torche au poing, la corde au cou,
Vous adorez l'Être suprême;
Des plaisirs mondains je suis fou,
    Et je danse en carême. bis.

———⁕———

En ligne droite, au paradis,
Vous irez voir Dieu face à face;
En ligne droite, aux lieux maudits,
Mon ame ira prendre une place;
Sans doute on vous sanctifiera,
On ira baiser votre châsse;
Moi, le diable me rôtira.

Ma sœur, demandez grace! bis.

LE SEL. *

AIR : Vaudeville du Petit Matelot.

Noté n° 52.

Ou Du Serein qui te fait envie.

Noté n° 65.

IL est trois choses nécessaires,
Quand on veut faire une chanson :
Amis, voici les deux premières,
Ce sont la rime et la raison; bis.
Cela s'apprend ; mais au poète,
Il reste un point essentiel ;
Pour rendre la chanson parfaite,
L'esprit doit y mettre le *sel*. bis.

Qu'une chanson paraît maussade,
Sans ce petit grain de gaîté !
Trop peu de *sel* est triste et fade,
Trop de *sel* produit l'âcreté ; bis.
Au lieu de chansonner pour rire,
De la satire on sent le fiel :
Ah ! l'auteur qui mord et déchire,
Du bon esprit n'a pas le *sel*. bis.

L'esprit qui fait naître le rire,
Ne connaît règle ni compas ;
C'est souvent le fruit du délire,
Il vient, quand on ne l'attend pas : bis.
On le nomme *bon mot, saillie*,
Lorsqu'il est vif et naturel.
Pour que ma chanson soit jolie,
PANARD, prête-moi de ton *sel*. bis.

ESPRIT sans *sel*, femme sans grace,
Vin de Champagne non mousseux ;
Tout cela promptement me lasse,
Je n'aime pas le langoureux. bis.
Tandis que je suis sur la terre,
Momus, répands, du haut du ciel !
Comme à GOUFFÉ, mon cher confrère,
Sur mes chansons un peu de *sel*. bis.

ELOIGNE-TOI, raison sévère ;
Jeune Hébé, sois mon échanson ;
Vin d'Aï, mousse dans mon verre ;
COLLÉ, dis-nous une chanson ; bis.
BOUFFLERS, lis-nous un joli conte :
Je ne vous fais pas un appel ;
Mais en vous écoutant, je compte
Voler un peu de votre *sel*. bis.

~~~~~~

LES RÊVES.

AIR : J'ai rêvé toute la nuit.

Noté n° 53.

1er RÊVE.

J'AI *rêvé* que je rêvais,
A tout ce que je devais ;
La fortune, au même instant,
   Paya tout comptant,
   J'étais tout content :
Un créancier m'éveilla,
Et mon bonheur s'envola.
~~~~~~

2ᵉ RÊVE.

J'ai *rêvé* que sous les cieux,
Etait un peuple d'heureux ;
Les hommes n'y disputaient,
Ni ne s'insultaient,
Ni ne se battaient ;
Il est vrai que ces humains
N'avaient ni langues, ni mains.

3ᵉ RÊVE.

J'ai *rêvé*, toute la nuit,
Que j'avais beaucoup d'esprit ;
Parlant à tort à travers,
Je faisais des vers : bis.
Le sifflet d'un envieux,
Me força d'ouvrir les yeux.

4ᵉ RÊVE.

J'ai *rêvé* que la vertu
Laissait l'homme mal vêtu ;
Que les promesses souvent,
  N'étaient que du vent : bis.
A mon réveil, j'ai trouvé
Tout ce que j'avais *rêvé*.

———⁕———

5ᵉ RÊVE.

J'ai *rêvé* que j'étais mort ;
Je plaignais mon triste sort ;
Je me suivais pas à pas,
  Pleurant mon trépas,
  Poussant des hélas !
Mais l'Amour, au même instant,
Me réveilla bien portant.

———⁕———

6ᵉ RÊVE.

J'AI *rêvé* qu'en paradis
Un ange m'avait admis ;
Là, de mes deux yeux je vis,
Que tous nous étions
Comme des lampions,
Que l'Éternel allumait,
Et que le diable soufflait.

L'INSTANT,[*]

OU

CONSEILS A UNE PARESSEUSE,

qui remettait toujours à un autre instant
les devoirs et même les plaisirs.

AIR : Vaudeville de la Soirée orageuse.
Noté n° 32.

Ou Ce fut par la faute du sort.
Noté n° 38.

HIER s'est appelé *demain* ;
Aujourd'hui va prendre sa place ;
Demain aura même destin,
Et c'est ainsi que le temps passe :
Ne remettons pas à demain,
Ce qu'aujourd'hui nous pouvons faire !
Demain, est un temps incertain,
Serons-nous encor sur la terre ?

——※——

Ce qui nous revient d'avenir,
Aucun de nous n'en sait la somme ;
Pour, du présent, toujours jouir,
Le ciel donna cinq sens à l'homme :
Soyons avares du présent,
Que le temps si vîte dépense !
C'est, des dieux, un trop beau présent,
Pour le passer en espérance.

Sais-tu ce que c'est qu'un *instant* ?
C'est du temps la moindre partie ;
Rien ne passe plus promptement,
On en compte peu dans la vie :
Une heure, un jour, un mois, un an,
Sont un torrent d'*instans* qui passe
Et se perd dans un Océan,
Pour laisser à d'autres la place.

Redoutons les *instans* perdus,
Rien, au monde, ne les répare;
L'*instant* où je parle n'est plus;
Un moment heureux est si rare!
D'en jouir il est très-instant;
Retarder est une folie :
Car, de la vie, à chaque *instant*,
Le temps retranche une partie.

<hr>

LA MUSETTE. *

CONTE.

AIR : Mon père était pot.
Noté n° 25.

TIRCIS jouait, étant enfant,
A la cligne-musette ;
Lorsqu'il devint un peu plus grand ,
Appercevant Susette ,
Son sang fermenta ,
Son cœur palpita :
Cherchant autre amusette ,
Pour chanter l'Amour ,
La nuit et le jour ,
Il prit une *musette*.

CHEVEUX bouclés , chapeau galant ,
Orné d'une rosette ;
Habit léger , beau linge blanc ,
Sur-tout fine fraisette ,

Sont le vêtement
De ce tendre amant,
Qui veut plaire à Susette ;
Et qui nuit et jour,
Pour chanter l'Amour,
Souffle dans sa *musette*.

———•*•———

Le berger qui, sur l'instrument,
Était d'abord *mazette*,
En joua bientôt savamment ;
Car, à chaque air, Susette
Disait : « Cher Tircis !
» Encor, encor, *bis* » :
La charmante amusette !
Et lui, nuit et jour,
Pour preuve d'amour,
Soufflait dans sa *musette*.

———•*•———

Pour tout faire éternellement,
Il n'est point de recette ;
Dépenser sans ménagement,
Nous mène à la disette ;
Tircis tant chanta,
Et tant répéta
De chansons pour Susette,
Qu'enfin un beau jour,
Par excès d'amour,
Il usa sa *musette*.

———✳———

Du hameau s'éloigna, soudain,
Le galant de Susette ;
On croit que ce fut de chagrin
De perdre sa *musette*.
Adieu, beau Tircis,
Grand faiseur de *bis*,
Tu laisses ta Susette,
Pleurer nuit et jour,
Regrettant l'amour,
L'amant, *et la musette*.

LA
MEUNIÈRE DU MOULIN JOLI,

IMPROMPTU

A MADAME Z. D. L. R.

FAIT A MOULIN-JOLI.

A IR : J'ai vu la Meunière.

Noté n° 55.

To u jours, des Graces et des Ris,
  Suivant la bannière,
Ce matin j'ai quitté Paris;
  Puis, à ma manière,
Pour vous égayer aujourd'hui,
J'ai voulu, dans ces lieux-ci,
  Chanter la *Meunière*
  Du Moulin-joli.

L'air affable, le ton poli,
Jamais d'humeur fière ;
Regard par l'esprit embelli,
Et point façonnière :
Corps que le maintien anoblit ;
Amitié que rien n'affaiblit ;
Telle est la *Meunière,*
Du Moulin-joli.

—◦✳◦—

De Circé, l'on nous peint ainsi
L'île solitaire ;
Je crois voir l'Élysée aussi ;
Mais c'est chose claire,
Que le fleuve qui coule ici,
N'est point le fleuve d'Oubli :
Grace à la *Meunière,*
Du Moulin-joli.

<hr>

LA
VIEILLESSE A MA PORTE,

SCÈNE DIALOGUÉE.

Air : Si Pauline est dans l'indigence.

Noté n° 31.

Ou J'ai vu par-tout dans mes voyages.

Noté n° 81.

L'HOMME.

La Vieillesse frappe à ma porte ;
Ah ! bon jour, que veux-tu de moi ?

LA VIEILLESSE.

Avec ma fidèle cohorte,
Je viens pour m'établir chez toi ;
Je vais blanchir ta chevelure,
Rider ton front, voûter ton dos,
Et rendant ta marche moins sûre, } bis.
Te faire chérir le repos.

L'HOMME.

Ah ! combien est longue ta suite !

LA VIEILLESSE.

Ce sont les regrets, les chagrins...

L'HOMME.

Quoi ! les Plaisirs prennent la fuite ?

LA VIEILLESSE.

Ils suivent l'ordre des destins :
Pendant les trois quarts de ta vie,
De ce monde, tu fus acteur ;
Vois, à ton tour, la comédie ; }
Deviens un simple spectateur. } bis.

—————✳—————

L'HOMME.

POURQUOI venir d'aussi bonne heure ?

LA VIEILLESSE.

Regarde l'horloge du Temps ;
Il veut qu'avec toi je demeure,
Au moins, une vingtaine d'ans.

L'HOMME.

Que ta présence m'importune !
De Chloris je suis amoureux ;
J'ai de grands projets de fortune ;
Ne viens que dans un lustre ou deux. } bis.

————✳————

BARBARE, ma prière est vaine,
Sur mes épaules tu te mets.

LA VIEILLESSE.

Fille du Temps et de la Peine,
Je ne rétrograde jamais.

L'HOMME, emportant la Vieillesse sur ses épaules.

Allons, ma compagne dernière,
Puisqu'il faut te porter, portons ;
Et jusqu'au bout de ma carrière, } bis.
Pour alléger le poids, chantons.

Ils sortent.

————————

TOUJOURS ET JAMAIS.

AIR : de la Camargo.

Noté n° 57.

Toujours et jamais
Sont aussi longs ; mais
En plaisirs, en amours,
J'aime mieux *toujours :*
Jamais et toujours
Ont aussi long cours ;
En combats, en procès,
J'aime mieux *jamais.*

La jolie
Rosalie,
Dit : « Je ne promets
» *Jamais ;*
» Et la belle
» Isabelle,
» Jure tous les jours,
» De m'aimer *toujours* ».

———◆❖◆———

Toujours est charmant,
Pour l'heureux amant ;
Je craignais,
Quand j'aimais,
Le mot de *jamais.*
Toujours et jamais
Sont aussi longs ; mais
En plaisirs, en amours,
J'aime mieux *toujours.*

———◆❖◆———

Toujours je rimerai ;
Toujours je chanterai ;
Et *toujours* j'aimerai,
Tant que je pourrai :
Que la vie
Est jolie !
Puissai-je , désormais ,
Jouir à *jamais*.

Toujours et jamais
Sont aussi longs ; mais
En plaisirs , en amours ,
J'aime mieux *toujours :*
Jamais et toujours
Ont aussi long cours ;
En combats , en procès ,
J'aime mieux *jamais*.

LE PHILOSOPHE
COULEUR DE ROSE.

AIR : Vaudeville de Oui et Non.

Noté n° 12.

Ou Jeunes amans, cueillez des fleurs.

Noté n° 58.

Souvent l'espoir d'un vain plaisir,
Charme plus que le plaisir même ;
Espérer heureux avenir,
Est, pour mon cœur, un bien suprême :
Sur une aimable fiction,
Complaisamment, je me repose ;
Ma folle imagination
Aime à voir en *couleur de rose.* bis.

Ah ! qu'un rendez-vous amoureux
Porte de charmes dans notre ame !
Combien de temps on est heureux,
Avant d'être au but de sa flamme !
Plaisir réel fuit comme un trait;
Puis, il faut avouer la chose....
Lorsque l'amour est satisfait,
L'esprit voit moins *couleur de rose.* bis.

———✳———

Quoiqu'abusé cent et cent fois,
Sur cette espérance trompeuse ;
A sa moindre lueur je crois,
Et mon ame alors est heureuse :
Je n'ai plus rien [1], mais j'ai l'espoir;
De ma gaîté, voilà la cause :
Esprits chagrins, voyez en noir,
Laissez-moi le *couleur de rose.* bis.

———✳———

[1] Tout ce que j'avais amassé fut à-peu-près perdu par la révolution.

Tous les jours, à tous les instans,
Dis-moi donc, flatteuse espérance,
Que mes amis, que mes parens,
Auront, un jour, heureuse chance :
Dis-moi que la paix, à l'instant,
Se fait, ou bien qu'on la propose,
Et, jusqu'à mon dernier moment,
Fais-moi voir tout *couleur de rose.* bis.

L'ÉLÉPHANT. *

AIR : C'est un enfant.

Noté n° 59.

CHANTER l'*Éléphant* est ma tâche ,
J'aimerais mieux le papillon ;
Ce lourd sujet vraiment me fâche ;
Par où commencer ma chanson ?
   Quelle énorme tête !
   Quelle grosse bête !
Eh bien ! Messieurs, cet *Éléphant*
   N'est qu'un enfant [1] ! bis.

---

[1] Les éléphans du Jardin des Plantes étaient tout jeunes.

CETTE ébauche de la nature
Est, sans doute, un premier essai;
Il n'a ni forme, ni figure;
Il est manqué, n'est-il pas vrai?
    Près ceux de l'Asie,
    (C'est-là leur patrie),
Ce haut et puissant *Éléphant*
    N'est qu'un enfant. bis.

DANS ses écrits, pleins d'éloquence,
BUFFON nous dit que ce géant,
A du Castor l'intelligence,
Et du chien, le doux sentiment;
    Du singe, l'adresse,
    Du cerf, la vîtesse,
Et qu'en douceur, un *Éléphant*
    Est un enfant. bis.

Mais quel prodige que sa trompe !
Cet organe est un triple sens ;
Il touche, il sent, il goûte, il pompe,
Il la recourbe en tous les sens :
　　Il flatte, il caresse
　　Sa grosse maîtresse ;
Quand d'amour brûle un *Éléphant*,
　　Il fait l'enfant. bis.

————✳————

Consolante métempsycose,
Qui sauve l'ame du néant,
Et, de corps en corps, la dépose,
Pour leur donner du mouvement :
　　Quoique aimant la vie, [1]
　　Je n'ai nulle envie,
D'être jamais, d'un *Éléphant*,
　　L'énorme enfant. bis.

[1] L'Éléphant vit deux siècles. *Voyez* Buffon.

ÉLOGE DE L'IVRESSE, *

CHANSON BACHIQUE,

Air : Ah ! le bel oiseau, maman !
Noté n° 60.

Depuis cinq mille ans et plus,
On fait des chansons à boire;
Depuis cinq mille ans et plus,
On fête le Dieu Bacchus.

Le feu sage Anacréon,
De *délirante* mémoire,
A la bacchique chanson,
Doit son immortelle gloire :
Depuis cinq mille ans et plus, &c.

ALEXANDRE le taquin,
Le plus grand fou de l'histoire,
Chantait souvent ce refrain :
« Le vin vaut mieux que la gloire ».

Depuis cinq mille ans et plus,
On fait des chansons à boire ;
Depuis cinq mille ans et plus,
On fête le dieu Bacchus.

LORSQUE le peuple romain
N'éprouvait pas de déboires,
A grands flots coulait le vin,
Pour célébrer ses victoires !
Depuis cinq mille ans et plus, &c.

J'aime le banquet divin
De ces grands dieux de la fable ;
Leur nectar était du vin,
Leurs chants, des chansons de table :
Depuis cinq mille ans et plus, &c.

Dryade, faune, sylvain,
Dans les beaux jours de la Grèce,
Et bacchantes, thyrse en main,
Chantaient le dieu de l'ivresse :
Depuis cinq mille ans et plus, &c.

Leurs gestes, leurs sauts, leurs jeux,
Leurs fureurs, leurs cris, leur rire,
Et leurs chants, plus que joyeux,
Étaient l'œuvre du délire :
Depuis cinq mille ans et plus, &c.

Bacchus a chanté Vénus,
Avec elle, il fit des siennes ;
L'Amour a chanté Bacchus,
Il lui doit bien des fredaines :

Depuis cinq mille ans et plus,
On fait des chansons à boire ;
Depuis cinq mille ans et plus,
On fête le dieu Bacchus.

Sophocle, en deux vers très-beaux,
A dit aux Grecs : « Que l'ivresse
» Est un remède à tous maux » :
Enivrons-nous donc, sans cesse :
Depuis cinq mille ans et plus, &c.

« Plus de vin, plus de plaisir »,
Est un refrain d'Euripide ;
Ne pensons donc qu'à jouir,
Que Bacchus soit notre guide :
Depuis cinq mille ans et plus, &c.

———※———

Le fameux chantre Thébain [1].
Aimait le jus de la treille ;
Horace a chanté le vin,
Ses vers sont faits à merveille :
Depuis cinq mille ans et plus, &c.

———※———

Maitre Adam, Collé, Chaulieu,
Ont fait des chansons à boire ;
Mais les meilleures, morbleu !
Ce sont celles de Grégoire :
Depuis cinq mille ans et plus, &c.

———※———

[1] Pindare.

PANARD, et PIRON aussi ,
En ont fait de bien friponnes :
Plusieurs confrères d'ici ,
En ont fait , ma foi, de bonnes.
Depuis cinq mille ans et plus , &c.

----*----

AMOUR, foule le raisin ,
Toi , VÉNUS, mords à la grappe ;
Du monde humons tout le vin ,
Avant que la mort nous happe.

Depuis cinq mille ans et plus ,
On fait des chansons à boire ;
Depuis cinq mille ans et plus ,
On fête le dieu Bacchus.

TIRER LE DIABLE *
PAR LA QUEUE[1].

AIR : Lison chantait dans la prairie.

Noté n° 61.

TIRER le Diable par la queue,
Est le sujet de ma chanson;
Pour rimer, j'ai *bleue* et *lieue;*
Ce n'est ni rime, ni raison :
Lorsque la rime est misérable,
Si l'auteur n'est un Apollon,
Pour faire chanson détestable,
Par la queue bis. *il tire le Diable.*

[1] Chanson faite en 1797.

Ah ! combien de gens, dans la France,
Font ce que je fais en ce temps !
Gens de lettres, gens d'importance,
Gens d'honneur, et petites gens ;
Vieille dévote, femme aimable,
Avocat, moine, acteur, marchands ;
Pour vivre, en ce temps misérable,
Par la queue bis. *ils tirent le Diable.*

———❖———

Jadis, du fruit de sa prière,
Vivait cet homme *tout en Dieu ;*
Présentement, pensionnaire,
Hélas ! il n'a ni feu, ni lieu :
S'il ne trouve main secourable,
Qui, pour vivre, lui donne un peu,
Que fait cet être vénérable ?
Par la queue bis. *il tire le Diable.*

———❖———

LE rentier qui, sur le *grand livre*,
Jadis, a placé son *avoir*,
Présentement, n'a rien pour vivre;
Car on ne peut vivre d'espoir;
Mais sa rente étant impayable,
Que fait-il, du matin au soir?
Dans cette gêne respectable,
Par la queue bis. *il tire le Diable.*

———◆✳◆———

UN auteur compose une pièce,
Le commencement est brillant;
Le nœud s'y fait avec adresse;
L'intérêt va toujours croissant :
Mais, si son génie admirable
Faiblit, avant le dénouement,
Pour le rendre un peu supportable,
Par la queue bis. *il tire le Diable.*

———◆✳◆———

MA tâche faite, je dois craindre
Qu'on ne blâme ce que j'ai fait;
Et je n'ai pas droit de m'en plaindre,
Le sort m'a rendu mon sujet : [1]
Le ciel a puni le coupable;
Oui, ma muse, à chaque couplet,
Pour faire chanson lamentable,
Par la queue bis. *a tiré le Diable.*

[1] J'avais donné moi-même ce sujet de chanson; il m'est
revenu lorsque j'ai tiré au sort.

··

LE
BONHEUR DE LA VIE,

RONDE D'AMIS.

AIR : Ah ! voilà la vie.

Noté n° 88.

Fᴜɪs, Mélancolie,
Va courir les champs ;
Aimable Folie,
Viens dicter mes chants :
Avec toi, la vie,
La vie est jolie,
Avec toi, la vie
A des momens
Charmans.

—◆✳◆—

Le printemps m'enchante ;
L'été, je jouis ;
L'automne, je chante,
Et l'hiver, je lis :
Tous les jours, ma vie,
Ma vie est jolie,
Tous les jours, ma vie
A des momens
Charmans.

—◆✳◆—

Toutes les semaines,
Un dîner d'amis
Balance mes peines,
Chasse mes soucis :
Avec eux, ma vie,
Ma vie est jolie,
Avec eux, ma vie
A des momens
Charmans.

—◆✳◆—

La folle jeunesse
A mille plaisirs ;
La sage vieillesse,
D'heureux souvenirs :
En tout temps, la vie,
La vie est jolie,
En tout temps, la vie
   A des momens
     Charmans.

La tête se monte
Pour un sentiment ;
Et lorsque l'on compte
Être heureux amant :
L'amour rend la vie,
La vie jolie,
Par l'amour, la vie
   A des momens
     Charmans.

ALORS qu'en ménage
On se convient bien,
Que le mariage
Est un doux lien !
L'hymen rend la vie,
La vie jolie ;
Par l'hymen, la vie
A des momens
Charmans.

———◆❋◆———

J'ADMIRE la ville
Et ses hauts palais ;
Dans un simple asile,
Aux champs, je me plais :
C'est-là que la vie,
La vie est jolie ;
C'est-là que la vie
A des momens
Charmans.

———◆❋◆———

PEINTURE magique,
Tu charmes mes yeux;
Divine musique,
Quels sons merveilleux !
Par les arts, la vie,
La vie est jolie ;
Par les arts, la vie
    A des momens
      Charmans.

BIEN souvent je rime,
Alors je jouis ;
Faut-il que je lime?
Viennent les soucis :
Malgré ça, ma vie,
Ma vie est jolie ;
Malgré ça, ma vie
    A des momens
      Charmans.

Lorsqu'un peu d'aisance
Laisse respirer,
A la bienfaisance
On peut se livrer :
Ah ! combien la vie
Alors est jolie !
Ah ! combien la vie
   A de momens
    Charmans !

—◆※◆—

Il est des jours sombres ,
De brillantes nuits ;
Les tableaux sans ombres
N'ont jamais de prix :
Bien des jours , la vie,
La vie est jolie ;
Bien des nuits , la vie
   A des momens
    Charmans.

—◆※◆—

Sur heureuse chance,
Comptons tous les jours;
Flatteuse espérance,
Berce-nous toujours!
Avec toi, la vie,
La vie est jolie;
Avec toi, la vie
   A des momens
    Charmans.

O souverain Maître
Du monde et du temps!
Permets que mon être,
Dure au moins cent ans :
Car j'aime la vie,
La vie est jolie;
Car j'aime la vie,
   Et ses momens
    Charmans.

LES TROIS TEMPS,

IMPROMPTU.

AIR : des Trembleurs.

Noté n° 14.

Temps passé, ne se ratrappe ;
Temps futur, est une attrappe ;
Temps présent, toujours échappe,
On le perd en y rêvant :
Comme il court bride abattue,
Faisons chanson impromptue ;
Tuons le *temps* qui nous tue,
En rimant, chantant, buvant.

RONDE

DES BEAUX ESPRITS,

OU

ARRIVÉE SUBITE DE MADAME ANGOT
A L'INSTITUT,

Après la première distribution des Prix du Conservatoire de Musique , au Louvre , an XI.

Cette distribution s'était toujours faite à l'Opéra.

ARRIVÉE SUBITE

DE

MADAME ANGOT

A L'INSTITUT,

Après la première distribution des Prix du Conservatoire
de Musique au Louvre, an XI.

Cette distribution s'était toujours faite sur le théâtre de l'Opéra.

Extrait d'un journal inconnu.

...... Il était cinq heures moins cinq minutes ; on distribuait
le dernier prix, lorsque Madame Angot, à coup de coude
perçant la foule, parut au milieu de l'assemblée, et s'écria :

Qu'est qu' c'est donc qu'ça ? la Musique est ici, et
la Danse n'y est pas ?.... Ah ! j' dis, ça n' sera pas....
Et d' puis quand donc qu' les graces et l'esprit n' vont
pas ensemble ?.... Je suis la mère de Therpsicore....
ma fille danse à l'Opéra.... une danseuse est autant
qu'une chanteuse.... oui, ma fille vaut son prix tout
comme une autre, entendez-vous, messieurs les Savans ?.... Elle a peut-être pus d'esprit dans ses jambes
que vous n'en avez dans vos têtes.... J' n'en dis pas
davantage. C'te pauvre enfant, ça l'a suffloquée
d' voir qu'elle était rejetée du Louvre, quand tout
l' monde y entrait tout d'go ; elle en est toute malade.... Aussi je lui ai promis que j' vous donnerais
une danse ; et vous l'aurez, car la v'là.

RONDE DES BEAUX ESPRITS.

AIR : Mesdemoisell' voulez-vous danser ?
Noté n° 62.

Tas d' savans, voulez-vous danser
En cadence,
Malgré vot' science ?
Tas d' savans, voulez-vous danser ?
Ou j' m'en vais tout boul'verser.

Par une grave sarabande,
Ouvrez le bal, savante bande ;
Sautez haut, mes beaux esprits,
Le moins lourd gagnera l' prix.

Tas d' savans, voulez-vous danser
En cadence,
Malgré vot' science ?
Tas d' savans, voulez-vous danser ?
Ou j' m'en vais tout boul'verser.

CLASSE

DES SCIENCES PHYSIQUES ET MATHÉMATIQUES.

GÉOMÉTRIE.

VENEZ, mon pensif Géomètre,
Qui savez l'temps qu'un' 'puc' peut mettre
Depuis Rome jusqu'ici,
En sautant toujours ainsi.

Tas d' savans, &c.

ARTS MÉCANIQUES.

MÉCANICIENS, qu'on se démène,
Pour mouvoir la machine humaine :
Calculez les poids, les r'ssorts,
Qu'i' faut pour enl'ver vot' corps.

Tas d' savans, &c.

' Il faut prononcer qu'une puce.

ASTRONOMIE.

DESCENDEZ, monsieur l'Astronome,
Dansez, walsez, et tournez comme
La terre autour du soleil,
Ou not' DUPORT sans pareil.

Tas d' savans, voulez-vous danser
En cadence,
Malgré vot' science ?
Tas d' savans, voulez-vous danser ?
Ou j' m'en vais tout boul'verser.

————＊————

PHYSIQUE EXPÉRIMENTALE.

DÉMONTREZ, monsieur d' la Physique,
Avec vot' jarret élastique,
L'effet de la légèr'té,
Et l' pouvoir d' la gravité.

Tas d' savans, &c.

————＊————

CHIMIE.

Savant Chimiste, entrez en danse,
Et si votre corps est trop dense [1],
Vous démontrerez que l' chaud
Peut fair' fondre un homme en eau.

Tas d' savans, &c.

—✳—

HISTOIRE NATURELLE.

Amateurs d'histoir' naturelle,
V'nez imiter la sauterelle;
Laissez vos débris des mers,
Et lancez-vous dans les airs.

Tas d' savans, &c.

—✳—

[1] Pesant.

1.

BOTANIQUE.

Toi, Botaniste solitaire,
Quelques instans quitte la terre;
Laiss' tes fleurs, tes bois, tes champs,
Et viens t' mêler à nos chants.

Tas d' savans, voulez-vous danser,
En cadence,
Malgré vot' science?
Tas d' savans, voulez-vous danser?
Ou j' m'en vais tout boul'verser.

————✳————

ANATOMIE ET ZOOLOGIE.

Serr' ton scalpel, Anatomiste,
Égaye ton visage triste,
Laiss' tes morts quelques momens,
Et saute avec les vivans.

Tas d' savans, &c.

————✳————

MÉDECINE-CHIRURGIE.

Successeurs du grand Hippocrate,
Venez vous dilater la rate ;
Le vrai r'mèd', pour la santé,
Grav' docteurs, c'est la gaîté.

Tas d' savans, &c.

ÉCONOMIE RURALE ET ART VÉTÉRINAIRE.

Et vous aussi, vous, dont les têtes
S'occupent sans cess' de nos bêtes,
Laissez vos ch'vaux, vos brebis,
Et sautez comm' des cabris.

Tas d' savans, &c.

CLASSE

DES SCIENCES MORALES ET POLITIQUES.

ANALYSE DES SENSATIONS ET DES IDÉES.

Analyseurs de nos pensées,
Qui dans vos thèses, peu sensées,
N' savez sur quel pied sauter;
Avec nous v'nez balloter [1].

Tas d' savans, voulez-vous danser
En cadence,
Malgré vot' science?
Tas d' savans, voulez-vous danser?
Ou j' m'en vais tout boul'verser.

———✳———

MORALE.

Dansez, sévères Moralistes,
Ne faites pas les rigoristes;

[1] Terme de danse.

Pour l' bonheur, moral', raison,
N' val' pas la pus p'tit' chanson.

Tas d' savans, &c.

————◆✳◆————

LÉGISLATION.

Reposez-vous un peu, Légistes ;
Venez avec nous, Publicistes ;
Laissez vos loix un moment
Et suivez cell' du mouv'ment.

Tas d' savans, &c.

————◆✳◆————

HISTOIRE.

Qu' les Historiens et leur histoire,
Qu'on aurait si grand tort de croire,
Prenn' la fabl' bras d'ssus, bras d'ssous,
Et n' fass' qu'un groupe avec nous.

Tas d' savans, &c.

————◆✳◆————

GÉOGRAPHIE.

Vous qui connaissez tout' la terre,
Comm' je connais ma tabatière,
Quel est l' pays qui vaut l' mieux?
C'est où l'on est l' plus joyeux.

Tas d' savans, voulez-vous danser
En cadence,
Malgré vot' science?
Tas d' savans, voulez-vous danser?
Ou j' m'en vais tout boul'verser.

CLASSE

DE LITTÉRATURE ET BEAUX-ARTS.

GRAMMAIRE.

Grands défenseurs de notre langue,
Point de fierté, point de harangue;

Nul homm', messieurs d' l'A, B, C,
En sautant n' s'est abaissé.

Tas d' savans, &c.

* * *

LANGUES ANCIENNES.

Sautez, savans à langues mortes ;
On dit qu' vous en savez d' vingt sortes :
Oh ! que d' manièr' de mentir !
N'import', v'nez vous divertir.

Tas d' savans, &c.

* * *

POÉSIE.

Tout bon rimeur aim' la cadence ;
Ainsi, je réponds qu'en ma danse
Personn' ne sera surpris
D' voir sauter les beaux esprits.

Tas d' savans, &c.

* * *

ANTIQUITÉS, MONUMENS.

ALLONS, messieurs de l'antiquaille,
Il faut, avant que je m'en aille,
Me montrer comment Caton
Faisait les pas d' rigaudon.

Tas d' savans, voulez-vous danser,
En cadence,
Malgré vot' science?
Tas d' savans, voulez-vous danser?
Ou j' m'en vais tout boul'verser.

PEINTURE, SCULPTURE, ARCHITECTURE.

QUE la Peinture et la Sculpture,
Le Burin et l'Architecture,
Me peign', en s' donnant la main,
Queuq' chef-d'œuv' grec ou romain.

Tas d' savans, &c.

DÉCLAMATION.

DÉCLAMATEURS du grand théâtre [1],
Qu'à tort queuqu'fois on idolâtre,
D' mon poing, j' vous f'rais un défi,
Si d' la dans' vous faisiez fi.

Tas d' savans, &c.

———⁂———

MUSIQUE ET CHANT.

SAVANS, si vous voulez m'en croire,
Faisons danser l' Conservatoire [2],
Puisqu'il a l' prix comm' savant,
Quoiqu' son talent n' soit qu' du vent.

[1] Plusieurs comédiens sont membres de l'Institut.
[2] Les jeunes élèves du Conservatoire, des deux sexes,
étaient là pour recevoir les prix qu'ils avaient remportés
à leurs Écoles.

Tas d' savans, i' faut tous danser,
En cadence,
Malgré vot' science.
Tas d' savans, i' faut tous danser,
Ou j' m'en vais tout boul'verser.

MUSIQUE

DES PASSE-TEMPS.

AVIS.

Le nombre des airs de chansons est si considérable, qu'il est difficile, même au meilleur chansonnier, de se les rappeler au moment qu'il le desire. Le *timbre*, c'est-à-dire le *titre* qu'on donne à l'air de la chanson, varie souvent : l'un met, pour timbre, le nom de la pièce d'où l'air est pris ; un autre, les premiers mots des couplets qu'on a déjà faits sur cet air, quelquefois le dernier vers, comme *sautez par la croisée*, ou le refrein, etc. Alors le lecteur dont la mémoire souffre, ou qui ne croit pas savoir l'air, passe la chanson, ou bien la lit ; et rien *ne tue l'esprit de la chanson, comme de la lire.*

Pour parer, autant qu'il est possible,

à cet inconvénient, on a noté et numé-
roté tous les airs employés dans ce recueil,
à la fin du premier volume ; et pour que
le chanteur mette avec plus de facilité la
phrase musicale avec celle du vers, on a
eu soin de mettre une lettre sous chaque
note qui termine le vers.

La lettre M indique que le vers est
masculin.

La lettre F, qu'il est féminin, et que
c'est la dernière syllabe muette qui est
sous la note.

Le nombre des notes, depuis le commencement de l'air jusqu'à la première
lettre, ou bien d'une lettre à une autre,
fait connaître le nombre des syllabes du
vers.

Plusieurs notes liées ensemble ne comp-
tent que pour une.

Les listes suivantes sont faites pour donner aux personnes qui ne savent pas l'air
indiqué, la facilité d'en choisir d'autres.

LISTE DES AIRS

sur lesquels on peut chanter les Couplets de *huit* vers de *huit* syllabes.... MASCULINS,
FÉMININS, &c.

Timbres des airs.

TROUVEREZ-VOUS un parlement.... Noté n° 5

On compterait les diamans........... n° 10

Vaudeville de Oui ou Non............ n° 12

Jadis j'étais un bon chasseur.......... n° 15

Chacun avec moi l'avoûra............ n° 27

Ce fut par la faute du sort............ n° 38

Vaudeville du Petit Jokey............ n° 54

Jeunes amans, cueillez des fleurs....... n° 58

Femmes, voulez-vous éprouver........ n° 6y

Aimé de la belle Ninon,

ou Vaudeville des Deux Veuves ⎬....... n° 71

Trouver le bonheur en famille......... n° 73

Vaudeville d'Alcibiade.............. n° 74

L I S T E   D E S   A I R S

sur lesquels on peut chanter les Couplets de *huit* vers de *huit* syllabes... Féminins , Masculins , &c.

Timbres des airs.

Si Pauline est dans l'indigence. . . . . Noté n° 31

Le ballet des Pierrots. . . . . n° 48

Guillot un jour trouva Lisette. . . . . . . n° 49

Quand l'Amour naquit à Cythère. . . . . . n° 51

Vaudeville du Petit Matelot , }
ou la Pipe de tabac   } . . . . n° 52

Tenez, moi , je suis un homme. . . . . . . n° 64

Du Serin qui te fait envie. . . . . n° 65

Avec les jeux dans le village. . . . . n° 66

Vaudeville du Petit Montagnard. . . . . . n° 67

Vaudeville de l'Officier de fortune. . . . . n° 68

J'ai vu par-tout dans mes voyages. . . . . n° 81

Vaudeville du Printemps. . . . . n° 84

D'une abeille toujours chérie. . . . . n° 85

LISTE DES AIRS

sur lesquels on peut chanter les Couplets de
huit vers de *sept* syllabes...... Féminins.
Masculins.

Timbres des airs.

LISTE DES AIRS

sur lesquels on peut chanter les Couplets de *huit* vers, dont *sept* de *huit* syllabes et un de *six*...................... MASCULINS.
FÉMININS.

Timbres des airs.

Sautez par la croisée. . . . . Noté n° 16
Vaudeville d'Arlequin afficheur. . . . . . . n° 28

Couplets de six vers de huit syllabes. -

M
F
M
F
M
M

Timbres des airs.

Mon père, je viens devant vous. . . . Noté n° 11
Chantez, dansez, amusez-vous. . . . . . . n° 77

Couplets de cinq vers.

F de 4 syllabes.

M de 8

F de 8

M de 8

F de 4

Timbres des airs.

Pour la Baronne. . . . . Noté nº 25

Bouton de rose. . . . . nº 90

Les autres airs se nomment *airs de facture* ; on en trouve rarement deux qui puissent aller à la même chanson.

FIN DU TOME PREMIER.

Vaudeville de Claudine.

N.^O 1.

Tout le long de la riviere.

N.^O 2.

N.º 3.
m
f
m
f
m
f
m
f
m
f
J'ai perdu mon âne
N.º 4.
f
f
m
m
f
f

Vaudeville de jean Monet.

N.º 5.

Vaudeville du reveil d'Épiménide.

N.º 6.

c'est par erreur que la Chanson des maux de l'univers
page 102. est dit. Noté N.º 6. voyez N.º 5

N.º 7 .
f
m
f
m
f
m
Je suis né natif de Ferrare .
N.º 8 .
f
f
m
m
m
f
f
m
m
m

Aussitôt que la lumiere.

N.º 9.

On compterait les diamants.

N.º 10.

Mon père, je viens devant vous .

N°. 11 .

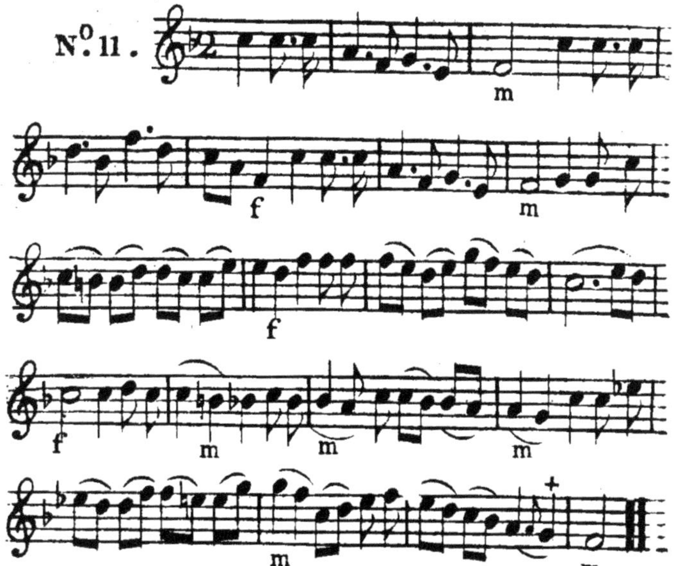

Vaudeville de oui et non .

N°. 12 .

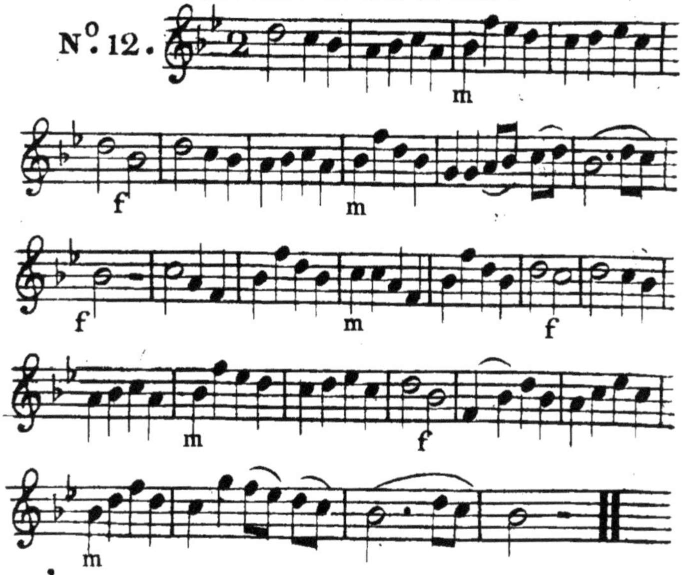

c'est par erreur que la Chason de la manie du commerce page 80 . est dit Noté N°. 11 . voyez N°. 8 .

Tous les Bourgeois de Chartres .

✻ c'est par erreur que la chason de la Fumée.
page 94. est noté N.º 16. voyez N.º 28.

La Générale.

N.º 17.

Pas redoublé.

N.º 18.

C'est ce qui me console.

N.º 19.

m
f
f
m
m
f
f
Menuet d'Exaudet.
N.º 20.
m
m
f
m
m
f
m
m
f
m
m
fin
f
f
m
m
f
m
m
fDC

Daignez m'épargner le reste.

Nᵒ 21.

Ce Boudoir est mon Parnasse.

Nᵒ 22.

f
m
m
Air: de la Baronne.
N.º 23.
f
m
f
m
f
+
Nage toujours mais n't'y fies pas.
N.º 24.
f
m
f
m
f
f
m
1re
2e
m
m

Mon père était pot.

N.º 25.

Mes bons amis, pouvez vous m'enseigner.

N.º 26.

Chacun avec moi l'avouera.

N.º 27.

✻ ^m par erreur la chanson des Contretems
page .98. est noté 28. voyez N.o 29.

16   Jupin dès le matin.

Majeur
Si Pauline est dans l'indigence.
N.º 31.
Majeur

N.º 32.
m
f
m
f
m
f
m
f
D'l'instant qu'on nous mit en ménage.
N.º 33.
f
m
f
m
m
f
m

Air: quittez vos panniers.
19
N.º 34.
m
f
m
m
m
f
Eh! gai, gai, gai mon Officier.
N.º 35.
m
fin
f
m
m
f
m
f
mD C.
Pour une fois c'n'est pas la peine.
N.º 36.
f
m
f
m
f
m

N.º 37.

Ce fut par la faute du sort.

N.º 38.

Ou est le tems et la saison.

N.º 39.

f
m
f
m
m
f
Vaudeville du Mariage de Figaro.
N.º 40.
f
m
f
m
f
m
m
La Boulangere a des Ecus.
N.º 41.
m
f
m
m
f

Ah! que je sens d'impatience.

N.º 42.

Que ne suis je la fougere.

Air: de la Touriere.
N.º 45.
m
f
m
m
m
f
m
f
Nous nous marierons Dimanche.
N.º 46.
m
m
m
f
m
m
m
f
m
m
f
m
m
m
m
f
m
m
m
f

N.º 47.
Le ballet des Pierrots.
N.º 48.
f
m
f
m
f
m
f
m

Guillot un jour trouva Lisette.
N.º 49.
f
m
f
m
f
f
m
f
m
m
Du haut en bas.
N.º 50.
m
f
m
m
f
f
f
m
Quand l'amour naquit d'Cythere.
N.º 51.
f

m
f
m
f
m
f
m
Vaudeville du petit Matelot.
N.° 52.
f
m
f
m
m
f
m
m

J'ai rêvé toute la nuit.

Zon ma Lisette, zon ma Lison.
Nº. 56.
f
m
f
m
f
m
m
m
m
Air: de la Camargo.
Nº. 57.
m
m
fin
m
m
m
m
m
f
f
m
m
f
f
m
m
m
m
m
m
f
f
m
m

Jeunes amants cueillez des fleurs.

C'est un enfant.

Ah! le bel Oiseau Maman.
N.° 60.
+ fin
Lise chantait dans la prairie.
N.° 61.

Mes d'Moisell's voulez vs danser.
N.º 62.
m
f
m
m
f
f
m
m
C'est la fille à Simonette.
N.º 63.
f
m
f
m
f
m
f
m
Tenez moi je suis un bon homme.
N.º 64.
f

m
f
m
f
m
f
m
f
m
Du Serein qui te fait envie .
N.° 65.
f
m
f
m
f
m
f
m
m

Avec les jeux dans le Village.

N.º 66.

Vaudeville des petits Montagnards.

N.º 67.

Vaudeville de l'Officier de Fortune.

N.º 68.

Femmes voulez vous éprouver.

N.º 69.

Que le Sultan Saladin.

N.º 70.

Majeur
Aimé de la belle Ninon.
N.º 71.

 Ce Mouchoir belle Raymonde.

Nº 72.

Trouver le bonheur en famille.

Nº 73.

Vaudeville d'Alcibiade.
N.º 74.
m
f
Air:des Pendus.
N.º 75.
m

Non, je ne ferai pas.

Nᵒ. 76.

Chantez dansez amusez vous.

Nᵒ. 77.

f
m
m
Robin turelure.
Nº 78.
f
m
+
f
m
f
f
f
+
Malboroug.
Nº 79.
f
fin
f
f
m
m
m

Air: j'étais malade d'amour.

N.º 80.

J'ai vu partout dans mes voyages.

N.º 81.

m
f
m
Brillant Soleil.
N.° 82.
m
+ fin
f
m
m
m
f
m
f
Le Soleil est le principe.
N.° 83.
f
m
f
m
f
m

Vaudeville du Printems.

m
m
f
m
m
f
Oui, noir n'est pas si Diable.
N.º 87.
f
m
f
m
m
m
m
f
f
f
m
m
Ah! voila la vie.
N.º 88.
f
m
f
m
f
f
f
m
m

N.º 89.
f
m
f.
m
f
m
f
m
f
m
Bouton de Rose.
N.º 90.
f
m
f
m
f
f

N.º 91.

Charmante Boulangere .

N.º 92.

Gravé par Huguet

9 782329 590936